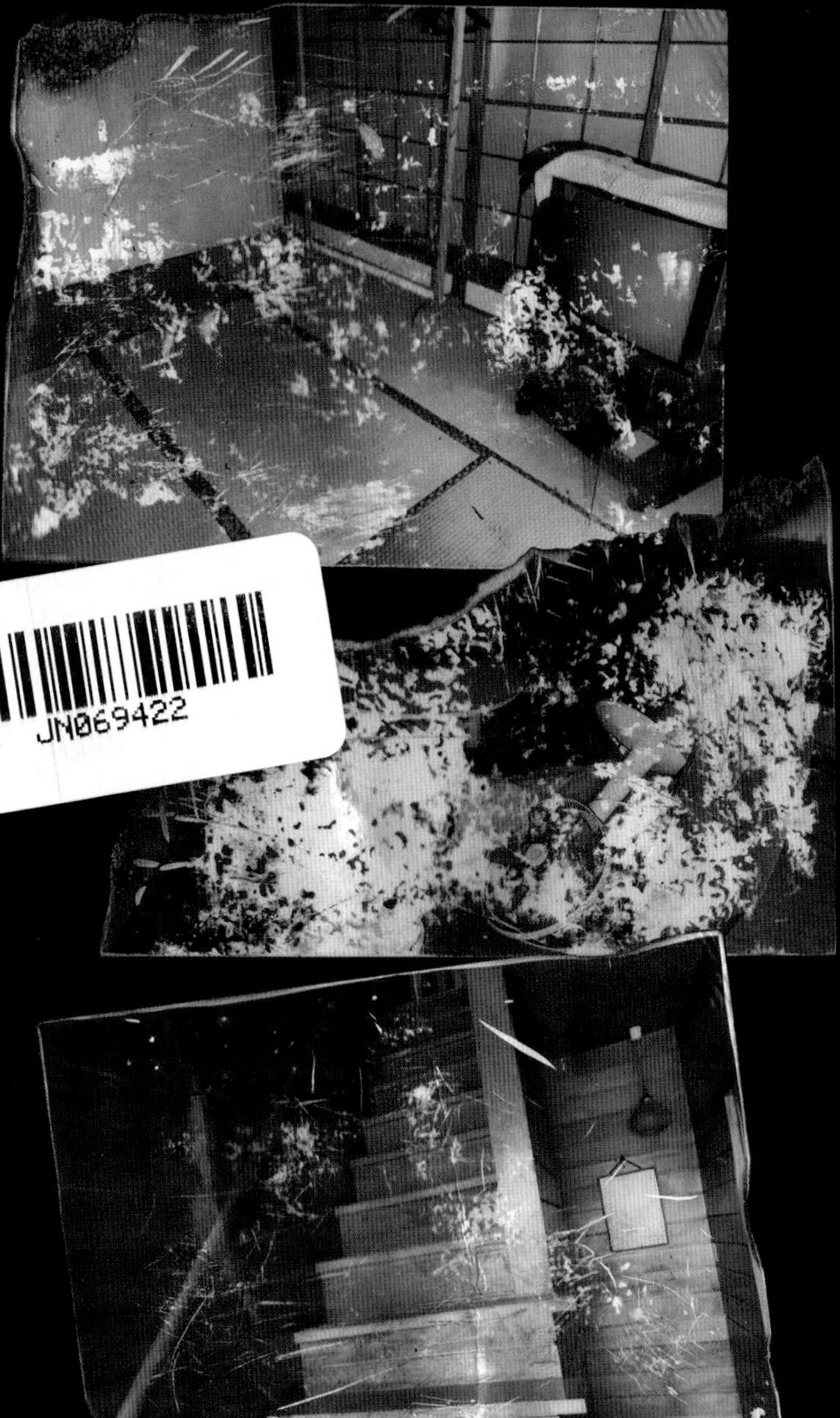

1　章

H旅館

映画の撮影にも使われたという旅館の玄関。
薄暗く、不気味な雰囲気が漂っている。

“ひとりかくれんぼ”で呼び寄せた霊は
ぬいぐるみに取り憑くと言われる。

2 章

片山邸

室内はめちゃくちゃに荒らされている。
適当に転がる生活用品が生々しい。

物置部屋の入口に立ちつくすマネキン。
髪の毛は劣化して抜け落ちている。

3章

玄岳ドライブイン

1階に置かれたノートには「セキグチ」という人物からのメッセージが残されていた。

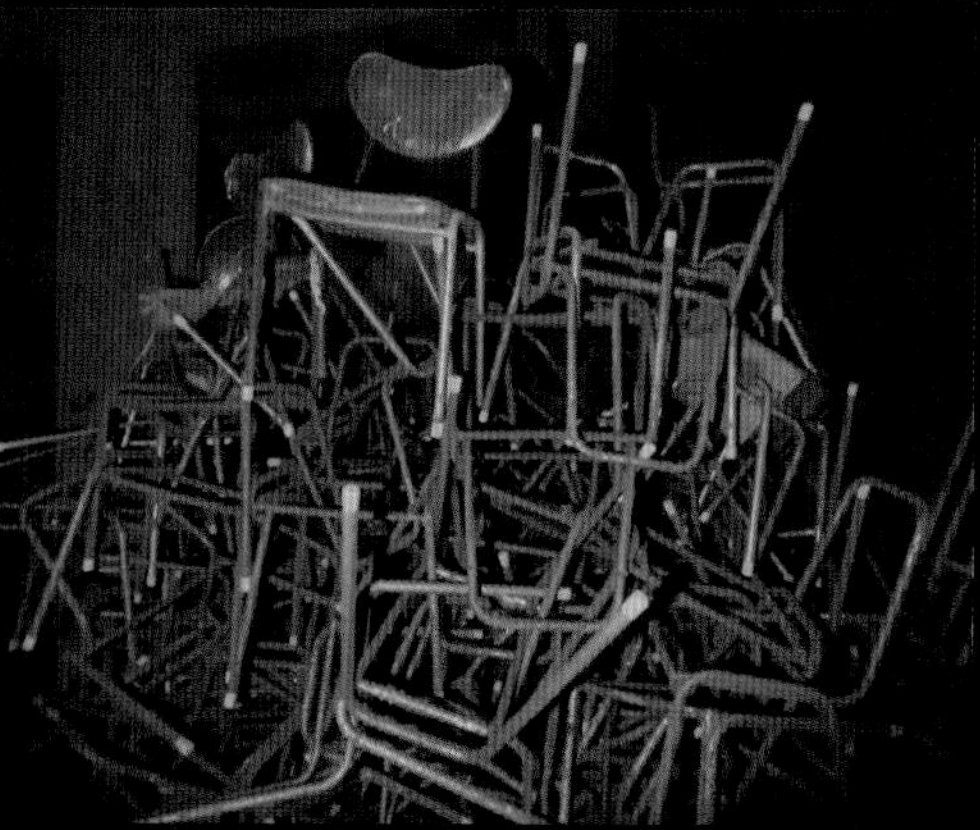

3階にある椅子の山。何かの儀式のために作られたモニュメントだろうか。

4章

レキオリゾートホテル

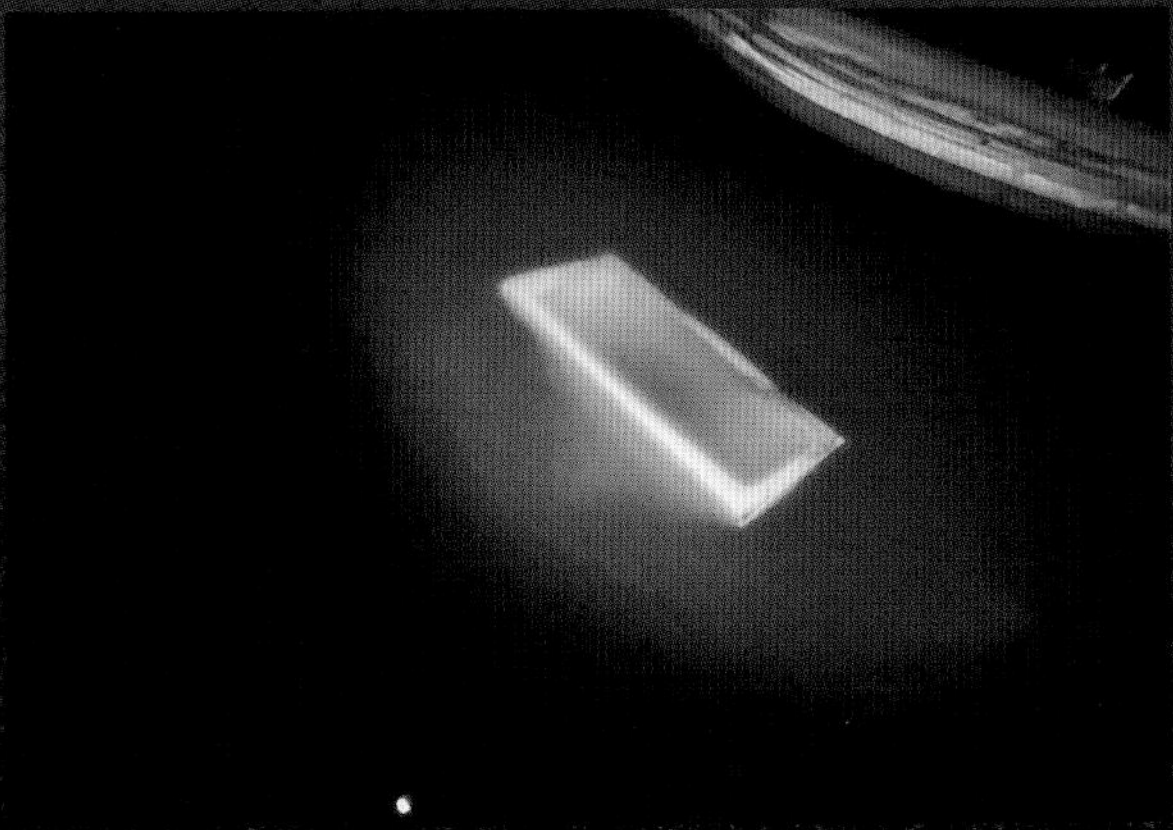

満杯の水をたたえているプール。
真っ暗な水中になぜか浴槽が沈んでいる。

別館の床に空いている深い穴の底には
人がいた痕跡が残されていた。

5　章

IM三荘

浴場施設の上には朽ちた展望台がそびえる。
展望台への階段はどこにあるのだろうか。

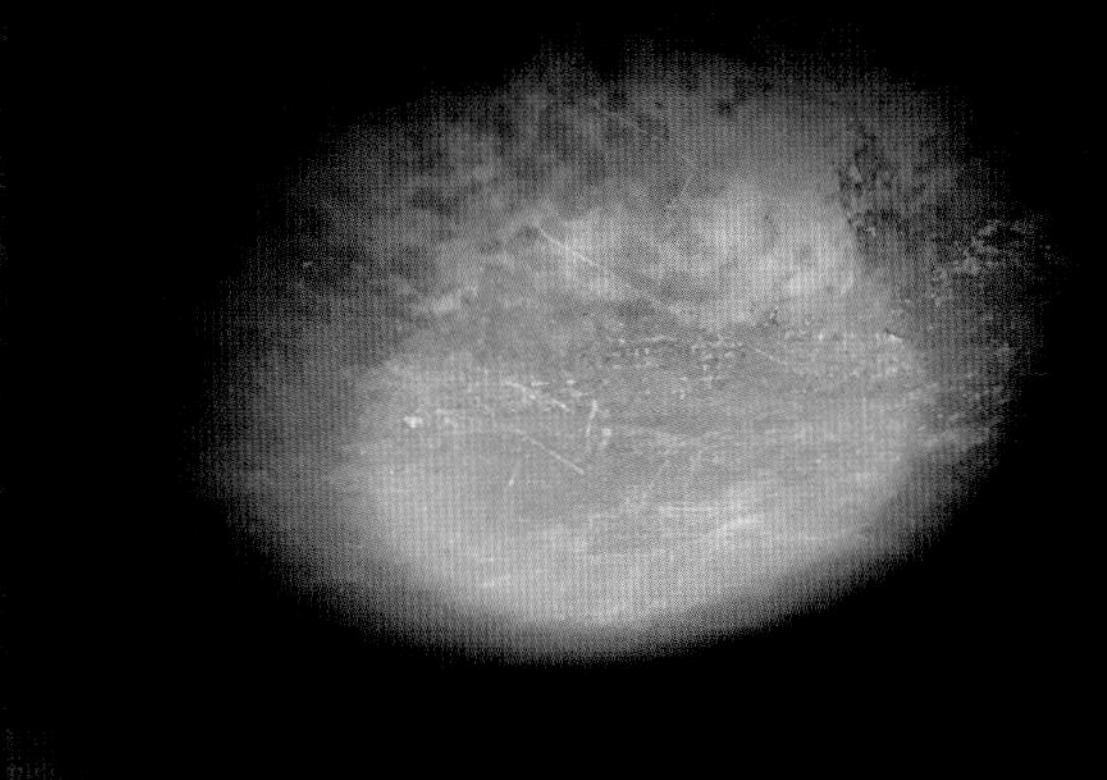

心霊写真が撮れると噂の釜風呂の天井には
「ココデル」という文字が刻まれていた。

6 章

A公園

10番目に見つけたバンガロー「つばめ」。
施錠はされていなかった。

「つばめ」のリビングキッチン。
室内は崩れかけ、壁紙や天井は剥がれている。

7 章

捨てられた心霊写真

積み上げられた瓦礫の山に埋もれた写真。
すべてはここから始まった。

特別編
読むゾゾゾ
捨てられた心霊写真

WANI BOOKS

はじめに

『ゾゾゾ』は全国の心霊スポットを探訪するYouTubeチャンネルだ。

今年でめでたく5周年を迎えた。

そもそも心霊スポットには全く興味がなく、心霊スポットにも廃墟にも一度も行ったことがなかった俺だが、5年も経ち、いつの間にか世間的には〝心霊スポットに行く人〟として認識されてしまっている。

最初は霊なんて少しも信じていなかったが、現在では「霊っているのかも……？」くらいにはなっているから、ずいぶんと変わったものだ。

「いくら心霊スポットが怖いと言ったって、それだけ行ったら、もう慣れたでしょ？」

そう思うかもしれない。だが、そう簡単に慣れるものではない。もちろん、昔に比べたら耐性はついているのだろうけど、訪れる心霊スポットの強さも段々増している感はある。

本書でご紹介するエピソードは、レギュラーシーズン以外のスペシャル回のものだ。スペシャル回はレギュラーシーズンに比べて、強めなスポットが多い。一つ一つの心霊スポットが怖いのはもちろんだが、敷地が広大で、東京からずいぶん離れた場所の心霊スポットが多いのも特徴だ。

具体的には、静岡県、和歌山県、宮崎県、沖縄県……。現場に行くだけでなかなかのカロリーを消費する。

取材はハードになったけれど、出演者は全員確実に5年歳を取っている。三十代前半だった俺はガッツリアラフォーに。最年少の長尾もとっくに三十路を超えた。もちろん体力は落ちている。昔は、車移動のときには基本的にずっと俺が運転をしていたが、さすがに無理になって、山本、長尾と運転を交代して現場に向かっている。

おかげで移動はちょっと楽になったが、それ以外の撮影は相変わらずハードだ。延々と山を登って山頂の心霊スポットで撮影した後に、ホテルに帰ってそのままサブチャンネルのオフトークを撮影。ちょっと寝て、翌朝そのまま東京に帰還とか……。

そんな若さ溢れる大学生のノリのような撮影ができる期間は、もうそんなに長くないぞ？　と自分を戒める今日この頃だ。

元々、ゾゾゾはディレクターの皆口が

「心霊スポットを『食べログ』みたいに紹介するサイトを作りたい」

と言い出して始まった企画だ。心霊スポットに一つ一つ足を運んでいったら、いつか地図が完成する……そんな目論見だった。

ゴールは見えている……はずだった。

しかし最近、そのゴールは蜃気楼のような幻のゴールなのだと気がついた。

ありがたいことに視聴者のみなさんから、たくさんお便りをいただくのだが、その多くは「こういう心霊スポットを知っています。調べてください!!」

というものだ。

そしてそれは、ホラーマニアの皆口ですら聞いたこともない心霊スポットであることがほとんどなのだ。しかも、そんな聞いたこともない心霊スポットが、行ってみると強烈に怖いケースが何度もあった。

つまり心霊スポットって実は、どこにでもあるのだ。

人が住んでいるところなら、どこでも心霊スポットになりえる。そしてそういう場所は今も現在進行形で増えている。

いわば、心霊スポットは日本全国で増殖し続けているのだ。

だから、ゾゾゾでどれだけ心霊スポットに向かって調査を続けても、日本全国の心霊スポットを網羅したいという、皆口の目的が達成することはない。

逆に言えば、俺たちの足腰が立たなくなる日まで、ゾゾゾを作り続けることはできる。その日々が、天国なのか地獄なのかはわからないが。

そんな未来の話はひとまず置いておこう。

とにかくみなさんには本書を読むことで、今回も俺たちのスペシャルな心霊スポット巡りの旅へ同行してほしいと思う。

ゾゾゾとは

Horror entertainment program!

心霊スポットや恐怖ゾーンといった日本全国のゾゾゾスポットをレポートして、ホラーポータルサイトを作るという壮大な目標を掲げて活動するホラーエンタテイメント番組。

YouTubeで2018年6月～2019年5月にファーストシーズン（全24回）、2020年1月～2021年7月にセカンドシーズン（全24回）の動画が公開される。現在は不定期でスペシャル回を投稿中。

落合、内田、山本、皆口、スペシャルゲストの長尾の五人を中心に活動している。

MEMBER

落合

メインパーソナリティ。ホラーに興味はないが、会社の部下である皆口に声をかけられゾゾゾに参加。番組開始から5年経ち、体力の衰えを感じている。

内田
（まーくん）

スタッフ。皆口の高校の友人でオカルト好き。いわゆる〝感じる〟タイプ。一見おちゃらけキャラだが、実は真面目な一面も。ゾゾゾ愛は人一倍強い。

皆口

ディレクター・カメラ・編集。ゾゾゾの発起人。生粋のホラーマニアで、心霊スポットへの飽くなき探求心は日々増している。お化け屋敷は怖くない派。

山本

スタッフ。セカンドシーズンから正式に参加。童顔だが実は年長組で、その包容力の高さからメンバーに頼られがちな一面も。普段は接客業をしている。

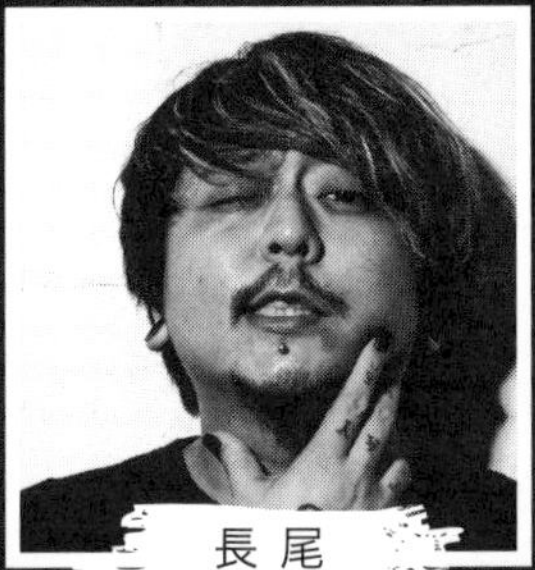

長尾
（しょうちゃん）

毎回のように登場するが、あくまでスペシャルゲスト。皆口の高校の後輩。一番の年下だが、気づけば30代に。状況分析が得意で、現場では常に推理担当。

もくじ

新潟県
福島県
片山邸
石川県
富山県
栃木県
群馬県
茨城県
H旅館
長野県
福井県
埼玉県
岐阜県
山梨県
東京都
千葉県
京都府
滋賀県
神奈川県
兵庫県
愛知県
静岡県
大阪府
奈良県
玄岳ドライブイン
三重県
和歌山県
飯盛山荘

ゾゾゾ

特別編

MAP

鳥取県
島根県
岡山県
広島県
香川県
山口県
徳島県
福岡県
愛媛県
高知県
佐賀県
大分県
長崎県
熊本県
宮崎県
A公園
鹿児島県
レキオリゾートホテル
沖縄県

1章

H旅館

「えいちりょかん」

レトロな廃旅館で「ひとりかくれんぼ」！
呪われると噂の危険な降霊術で
怪現象が次々に起こる……！

H旅館は昭和初期に建てられた歴史的な旅館で、現在は廃旅館となっている。

荒らされているわけではないが、無造作に置かれた家具や純和風の造りはそこはかとなく恐怖を感じさせる。

非常にレトロでおどろおどろしい雰囲気のこの旅館は、かつて某ホラー映画の撮影にも使用されたことがあるそうだ。

また、管理者によると、営業中には従業員が幽霊をたびたび目撃しているらしい。

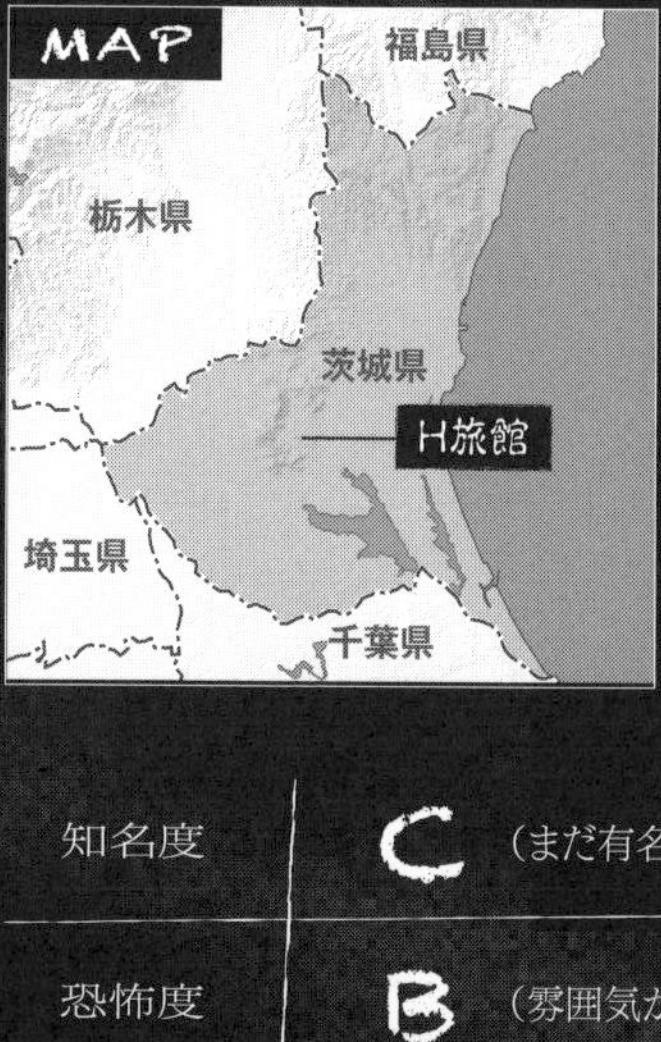

知名度	C	（まだ有名になっていない謎多きスポット）
恐怖度	B	（雰囲気がある。それなりに怖い）
ゾゾゾポイント	4	

真夏。

俺と皆口は二人で、ゾゾゾのセカンドシーズン完走記念として、茨城県を観光するという、全くもってゾゾゾらしくない企画をエンジョイしていた。

国営ひたち海浜公園、つくばわんわんランド、筑波山神社……茨城の観光スポットを、輝く夏の陽光の中回る。かき氷を食べて、ご当地グルメを食べて、大いにはしゃいだ。

……が、皆口がなんの理由もなく、ただ楽しいだけの撮影などするわけはない。さすがに俺も馬鹿じゃないので、薄々何かこの後にあるのではないだろうか？　とは思っていた。

今回は、内田、山本、長尾はいない。俺と皆口の二人で何を撮るんだろう。陽の光を浴びながらも、少し不安になる。

案の定、日が暮れた後に観光地のなさそうな住宅街に連れていかれる。

「これは、どこか廃墟的な場所に連れていかれるな……」

と感じる。だてに何年もゾゾゾをやってない。

車でしばらく走り、やはり廃墟に到着した。建物の見た目はさほどボロボロではない。ただ営業していないというのは、一目でわかった。

「『H旅館』、昭和レトロな雰囲気が魅力的な廃旅館になっております。こちら、昭和初期に建てられた歴史的な旅館で、映画などの撮影にも使用されたこともございます。管理者によるとその昔、営業中であった頃に従業員が幽霊をたびたび目撃していたとの話もあります」

皆口が説明を読み上げる。

ここは某有名ホラー映画の現場にもなったらしい。たしかに雰囲気抜群だ。

二人でものすごくレトロを感じる館内へ足を踏み入れる。

「こないだ、ゾゾゾセカンドシーズンが終わったじゃないですか？　実はやり残したことが一つございまして……〝ひとりかくれんぼ〟」

「……いやいや」

「心霊番組と言えば、ひとりかくれんぼは外せないということで。ひとりかくれんぼ……ご存知ですか？」
「まあ……聞いたことはあるよ」

ホラーチャンネルのメインパーソナリティなのにホラー好きじゃないことでお馴染みの俺だが、さすがにひとりかくれんぼは聞いたことがあった。
細かいルールは知らないが、ひとりかくれんぼって言うくらいなんだから、おそらくずっと一人でかくれんぼするんだろう。一人でかくれんぼなんて、絶対に怖い。皆口を嫌いになりそうだ。

旅館はよくあるタイプの造りで、廃墟感はほとんどなかった。ただ、ところどころ埃が溜まっていたり、無造作に家具が置かれていたりする。
皆口に促され、撮影機材がセットされた2階の特設部屋へ移動する。

「ということでですね。ひとりかくれんぼにうってつけの廃旅館、H旅館さんの全面協力での撮影になっております」

「いやいやいや、言った？　俺、ひとりかくれんぼするって言った？」

「ひとりかくれんぼとは降霊術の一種で、一説では〝こっくりさん〟よりも危険だと言われており、決して遊び半分で行ってはいけない、と言われております」

「いや、だから、ダメなのよ」

どう考えたって、遊び半分じゃないか。まあ俺は全然、楽しんでないけど。

「やってはいけないことを、やり続けてきた当番組としては、決死の覚悟で本日、ひとりかくれんぼをしていきたいなと」

俺の抗議に全く耳を貸さずに皆口が告げる。

決死の覚悟って、死ぬとしたら確実に俺じゃないか。


机の上を見るとすでに何やらいろいろと置かれている。準備万端だ。

「今夜はですね、落合さんに思う存分ひとりかくれんぼをやっていただきながら、ランキングではかれない魅力たっぷりの茨城で（茨城県はとても魅力に溢れる県なのに、都道府県魅力度ランキングが著しく低い）、『視聴者が選んだ！　ゾゾゾセカンドシーズン人気投票BEST20』ランキングを振り返っていきたいなと」

いや、総集編かよ。総集編なのにこんなに凝ったことする必要あるのか？

まあ、ここまで来てしまった以上、引き返すこともできない。

皆口がひとりかくれんぼの説明を始めた。

「ひとりかくれんぼを行う上で、用意しなければいけない物がいくつかございます」

用意する物①　手足があるぬいぐるみ

用意する物②　米

用意する物③　爪切り

用意する物④　縫い針と赤い糸

用意する物⑤　刃物

用意する物⑥　コップ1杯程度の塩水

これらはすでに机の上に置かれている。

「ひとりかくれんぼは危険度がかなり高い降霊術と言われているため、注意点がございまして……」

注意点①　隠れるときは絶対に見つからない場所に。

注意点② 隠れている最中は、物音を立ててはいけない。
注意点③ 塩水を絶対に忘れてはいけない。

「こちら重々気をつけて、元気よくひとりかくれんぼ行ってもらいたいなということで」

「いやいやいや……」

「ちなみにですね、ひとりかくれんぼは丑三つ時に行うと非常に効果的だと言われておりまして、時間的にはちょうどいいんじゃないかなと」

丑三つ時とは、午前2時〜2時半までの間のまさに真夜中の時間を指す。時計を見ると、今は午前1時過ぎだった。

ガタタ‼ カッタ！ カッ！

「うおおっ⁉」

背後から大きな物音がした。まだ始まってもいないのに、なかなか嫌な歓迎をしてくれるじゃないか。思わず窓を開けて外を確認するが、虫一匹いない。

「自分……お車で待機しておりますので、何かあれば、お電話いただけたら」

皆口はそう告げると、とっとと立ち去ってしまった。

皆口が出ていくと、真っ暗な広い畳の空間に自分一人がいることに気づく。部屋は奥行きがあり、照明の光が端までは届かない。さっきの謎の物音が消えると、静けさが際立った。

……めちゃくちゃな孤独を感じる。

YouTubeで公開されるときにはランキングの発表が始まっている頃だろうが、今の俺はそれどころではない。


「あー、マジかー。えー、じゃあもうちょっと……始めます……」

我ながら全く乗り気ではない声を出して、ひとりかくれんぼを始めることにした。

説明書を見ると、やらなければならないことがいろいろあって戸惑う。5分くらいですませて帰りたかったが、そういうわけにはいかないようだ。

必要な物は机の上に乗っている。

そして、必要ではない物も乗っている。大型テレビだ。ずっと砂嵐の映像が流れている。皆口の演出である。

……不気味だ。人の嫌がることを考えやがる。

準備① ぬいぐるみに名前を付け、腹部を裂いて綿などを取り出す。

「え、名前？　〝みなぐちくん〟でいっか」

特に何も考えず、ぱっと思いついた名前にした。

そして、名付けたばかりのみなぐちくんの腹部を包丁で裂く。

「すごい抵抗感あるわ……すいません……開けます……うわあ」

ぬいぐるみとはいえ、包丁で傷つけるのはなかなかの嫌悪感がある。

名前、みなぐちくんにしなければよかったかな、と思いながら、おそるおそる腹を切り裂き、綿を取り出した。

準備②　腹部に米を詰め、爪を入れて縫い合わせる。

ぬいぐるみに米を入れるという行為は、とても違和感があり気持ち悪い。

トンッ!!　カチッ!!


作業している間も、異音が頻繁に背後から聞こえる。

米の中に虫もいやがった。虫は怖いというより、イラッとした。くそお。

そして、爪切りで切った爪も腹部に入れる。

カッタッタッ！

何かが走っていくような音。

「何？　さっきから……もういいって……本当に」

あまりに連続する異音に文句を言いながら、赤い糸でぬいぐるみの腹を縫い合わせる。

準備③　ある程度の長さの糸を腹部に巻き付ける。

準備④　風呂場に水を溜める。

「え？　風呂場に水を溜める？」

風呂場の場所とか教えてもらっていない。

ため息をつきながら立ち上がる。夜中の真っ暗な旅館はめちゃくちゃ怖い。床のシミすら、激しい怨念が溢れ出たものに見える。

廊下を進むと御手洗いがあり、なぜか突き当たりの床に鏡が置いてあった。

2階には風呂場はなかったので、1階に下りる。

TOILET

暗い……。暗い……。キョロキョロと周りを見渡す。

「〝ゆ〟だ！」

ゆと書かれた、暖簾がかかっているのが見えた。暖簾をくぐると、やはり風呂場だった。

俺は風呂桶に水を溜め、説明書の続きを読む。

準備⑤　あらかじめ隠れる場所を決め、そこにコップ1杯の塩水を置いておく。

「塩水を作らなきゃいけないのか。あー、塩あったな……。じゃあ戻んなきゃダメだ」

俺はいったん、特設部屋へ戻る。

ちなみに特設部屋の定点カメラには、俺がいなくなった後も、
カッタッタッ！　トン!!　ガガガッガリッ！

と激しい異音が録画され続けていた。

「で……塩水か」

言われるまま、塩水を作る。

そして隠れる場所を探す。

注意点① 隠れるときは絶対に見つからない場所に。

皆口の言葉を思い出す。人が一人隠れる場所というのは、なかなか難しい。

1階に下りる勇気はなかった。2階でなんとか探したい。2階はすべて畳の部屋で、宴会場っぽい部屋、居間のような部屋などがあり、泊まるための部屋はないようだった。ちなみに特設部屋は居間だ。1日1組が泊まるような、小規模な旅館なのかもしれない。

廊下をうろうろして手近にあったふすまを開けると、古い布団や木製の箱が置かれている。物置のようだった。狭くてなかなか気持ちが悪い様子だったが、ちょうど一人分が入れるくらいのスペースがあった。体育座りすれば隠れられるだろう。

俺は箱の上にそっと塩水を置いた。

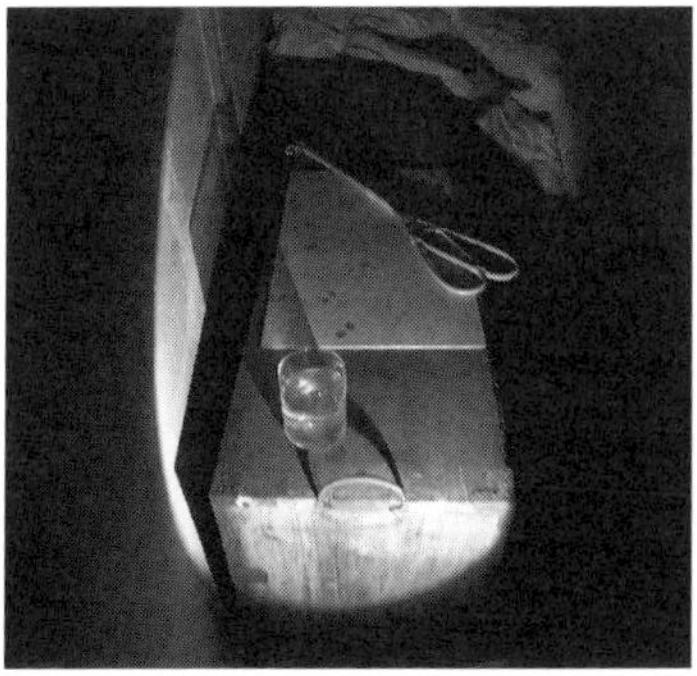

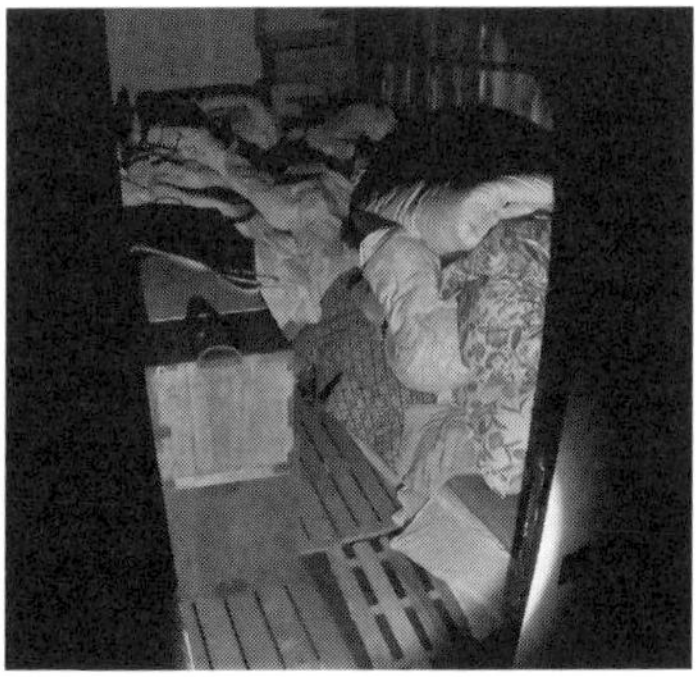

いったん部屋に戻ってこの後の手順を確かめていると、

「ピーピピピ、ピピピピピピピ」

とカメラが鳴った。正面カメラの電源が切れたようだ。

皆口に電話をかける。


「俺の机の正面のGoProの電源が切れちゃったんだけど。急に今」

「つけ直せますか？　電源ボタン長押しで……」

「あ、ごめんごめん。電源ボタン、今入れ直したら録画が開始された」

「えっと、充電の残量って確認できますか？　液晶で」

「あ、半分くらいあるね……」

「じゃあ、勝手に切れたってことですか？」

「あ、じゃあ霊障的な方向で……」

あ――――――ッ!!!!!!」

俺は大声で叫んだ。

目の前に置かれているテレビの砂嵐が半分消え、「ガー!!」という音とともに急に真っ黒の画面が現れたのだ。

「え……なになになに⁉」

「どうしました？」

「砂嵐がなんか変なことになった！」

その状態は数秒続いた。

ゾゾゾでもトップクラス、人生でもベスト3に入るくらい心臓が止まりそうになった。

「大丈夫そうですか？」

「大丈夫そうっていうか、砂嵐がなんかすごい変なことになったんだけど今……」

俺は死ぬほど怖がったが、皆口は冷静だった。

「えっと、とりあえず」

「続行で……？」

「そうですね。まだランキングも途中だと思うので」

「はい……」

電話が切れた。とうていやめさせてはくれなそうだ。

視聴者ランキング、半分くらいは終わっただろうか。

皆口

皆口は駐車場の車で待機していた。待っているのも退屈だ。

コーヒーでも飲もう、と車を出て自動販売機を探す。なかなか見つからず、しばらく歩き続けてようやく缶コーヒーを買うことができた。

旅館からずいぶん離れてしまったな、と散歩がてらのんびり戻る。

旅館が見えてきた。外から見ていると、窓から落合の懐中電灯の光がちらちらと見える。

「GoProの電源が切れちゃったんだけど……」

ふいに電話がきた。電源を入れ直すよう指示をしていると、叫び声が聞こえた。

どうやらテレビの砂嵐に異常が起こったようだ。落合の動揺を表すかのように、懐中電灯の動きが乱れる。

ひとまずなだめて、電話を切る。もう少し撮れ高がほしい。


「じゃあ次……」

諦めてひとりかくれんぼを続ける。

手順①　ぬいぐるみに対して「最初の鬼は【自分の名前】だから」と3回言う。

書かれている通り、

「最初の鬼は落合だから。最初の鬼は落合だから。最初の鬼は落合だから」

と3回言った。

手順②　浴室に行って水を張った風呂桶にぬいぐるみを入れる。

「はい……じゃあすいません、みなぐちくんを入れます」

みなぐちくんを水の中にゴボゴボと沈めた。

ちょうどそのとき、特設部屋では、再びテレビ画面が黒くなる現象が起きていた。

俺が特設部屋に戻ってきても、テレビは黒いままだった。

そしてＧｏＰｒｏの電源も再び切れた。

「いやいやいやいや……ちょっと待って……ちょっと待って……」

異変が続き、混乱する。

手順③　部屋に戻ったら家中の電気をすべて消す。電気を消したら目を閉じて10秒数える。

電気を消すとあっさりと闇に包まれた。部屋で光っているのは、様子のおかしいテレビの砂嵐だけだ。

誰かと話したい……。弱音を吐きたい……。

切に願ったが、旅館に一人でいる以上、叶わぬ願いだ。

皆口は近くにいるはずだ。何かあったときはすぐに駆け付けてほしいが、アイツのことだからフラッとコンビニとかに行ってそうだ……。

10秒を数え終わり、俺は暗闇の中をおそるおそる歩き、風呂場に戻った。

手順④ 刃物を持って風呂場に行き、ぬいぐるみを刺す。

みなぐちくんは浴槽の隅に移動していた。自然現象と思いつつも、嫌な想像をしてしまいそうになる。

「はい、すいません。みなぐちくん……刺します」

みなぐちくんの腹に包丁を突き立てた。

……刺さらない。みなぐちくんが抵抗しているかのようだ。

力いっぱい押し込んで、やっと刃物がズブリと体内に入った。

後で気づいたのだが、包丁のカバーを取り忘れていた。どうりで刺さらなかったはずだ。


手順⑤「次は【ぬいぐるみの名前】が鬼だから」と言って、塩水を置いた場所に隠れる。


「次はみなぐちくんが鬼だから」

そう言って、2階の物置へ向かう。つい足早になる。

物置に入り、しゃがんで壁に寄りかかった。

廃旅館の物置の中の居心地がいいわけがない。カメラがなぜか点滅を始めた。すぐに出たいところだが、一応ゾゾゾのメインパーソナリティを張っているという矜持がある。2〜3分では出られない。

自分を映すカメラの画面を眺める。時間表示を見て「あともう少し頑張ろう」と自分に言い聞かせた。


隠れてから20分が経過した。

夏場の物置の中は暑かった。怖くて、暑い。

外からふいにタッタッタッと裸足で歩くような音が聞こえてくる。鬼が自分を探して歩き回る様子を想像してしまう。

実証実験中は独り言で気を紛らわせることが多い。でも、今はかくれんぼ中だからあまりしゃべれない。

そして、鬼から隠れているんだという意識がより自分を追い込む。

俺はなんとか気を紛らわせようと思って、ずっとエロいことを考えていた。

エロいこと、邪なことを考えていないと、おかしくなりそうだった。

「あと1分……あと1分だけ……」

俺が物置の中で悶々とエロ妄想をしていた頃、部屋に置かれた定点カメラは、テレビ画面の砂嵐が完全になくなったのを捉えていた。

俺の忍耐力は限界を迎えた。

「ごめんなさい、もう限界です……」

終了方法① 塩水を少し口に含み、コップを持ったまま風呂場に行く。

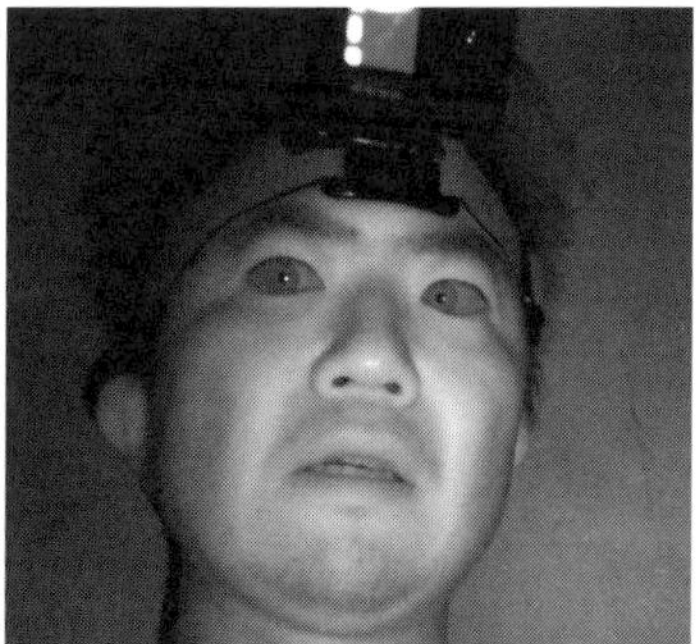

塩水を口に含むが、ふすまを開けるのが怖い。

開けた瞬間に誰かいたら、心臓が止まってそのままあの世行きだろう。マジで死ぬ。

だがずっとここに籠もっているわけにもいかない。

「ええい、いったれ‼」

心の中で叫び、勢いよくふすまを開けた。

幸い誰もいなかったので、このまま一気にひとりかくれんぼを終わらせにかかった。

終了方法② コップの塩水をぬいぐるみにかけ、口に含んだ水をぬいぐるみにかける。
終了方法③ ぬいぐるみに「私の勝ち」と3回言って終了する。

「私の勝ち。私の勝ち。私の勝ち」


終わった……。

ひとりかくれんぼ、終了。

皆口に「終わりました」と連絡をする。しばらくすると、皆口がカメラを構えたまま風呂場に入ってきた。

「大丈夫っすか？」

「むちゃくちゃ怖いよ。隠れててさ、ちょっと物音とかもしたんだけど。みなぐちくんが、なんか探しにくるんじゃないか……みたいな。近くに来てたらヤバいなっていう。超怖い」

「なるほどですね……あのー、名前はみなぐちくんになったんですね？」

皆口は複雑な表情で腹を包丁で刺されて浴槽に浮かぶみなぐちくんを見下ろした。

それにしても、一人で頑張った。今頃、視聴者ランキングも無事に1位まで発表されていることだろう。


玄関前でエンディングの撮影をする。

「ということで、『視聴者が選んだ！　ゾゾゾセカンドシーズン人気投票BEST20』。今年は廃旅館でひとりかくれんぼをお送りいたしました。ひとりかくれんぼ、いかがでしたか？」

「最悪でした」

俺は端的に答えた。最悪以外の言葉は浮かばなかった。

総集編回が普段よりもしんどくて、気持ち悪くて、疲弊するってどういうことだよ。

そもそも、ぬいぐるみを裂いたり、米を詰めたり、やってる行為自体が異常ですごく怖い。

「誰だ考えたの？　どういう神経でこんなの思いつくんだ！」と、怒りすら湧いた。

とにかく超つらかった。

ひとりかくれんぼは、もう二度と絶対にやりたくない。

焦りと暑さで汗だくになった。早くお風呂に入りたい……。


「途中……怪現象みたいなことも、あったっていうことなんですけれども？」

「まあ一番怖かったのは砂嵐っすけど」

テレビの砂嵐は怖かったが、いくらなんでもタイミングがよすぎた。俺は内心、皆口の演出、ヤラセじゃないかと疑っていた。

「あれ、どうやったの？」

と聞いたが、

「マジでやってないですよ」

と返された。

実はあのテレビはこちらで用意したものではなく、旅館に設置してあったものだという。片付けのときに皆口が使っていた機材も見たが、たしかに外から操作することはできなさそうだ。

しかしあのタイミングで、あんなことがたまたま起こるとは、思えない。でも霊現象とは思いたくない。だから、まだ皆口のしわざだと疑っていたいのだ。


ゴトッ！　ガタッ！　タンッ！

背後の建物では、まだ異音が鳴っている。

「これ、みなぐちくん、まだ探してるんじゃないですか？」

皆口が言う。本当にもう、勘弁してほしい。

「落合さんには、本日も元気よくゾゾゾポイントをつけていただければと思うんですけれども。H旅館、ゾゾゾポイントは？」

「4」

「ゾゾゾゾ」

お決まりのやりとりをする。

しかしまあいずれにせよ、皆口にはもう思い残したことはないだろう。

「ということでね、本日は茨城県の廃旅館でひとりかくれんぼも無事に終了でき、ゾゾゾの人気投票BEST20も振り返ることができましたということで。大変お待たせいたしました、次回、夏の特別編です！」

皆口の宣言に、俺は口に含んでいたお茶を盛大に吹いた。

まだ続くのか……。

記憶を頼りに描いたMAP

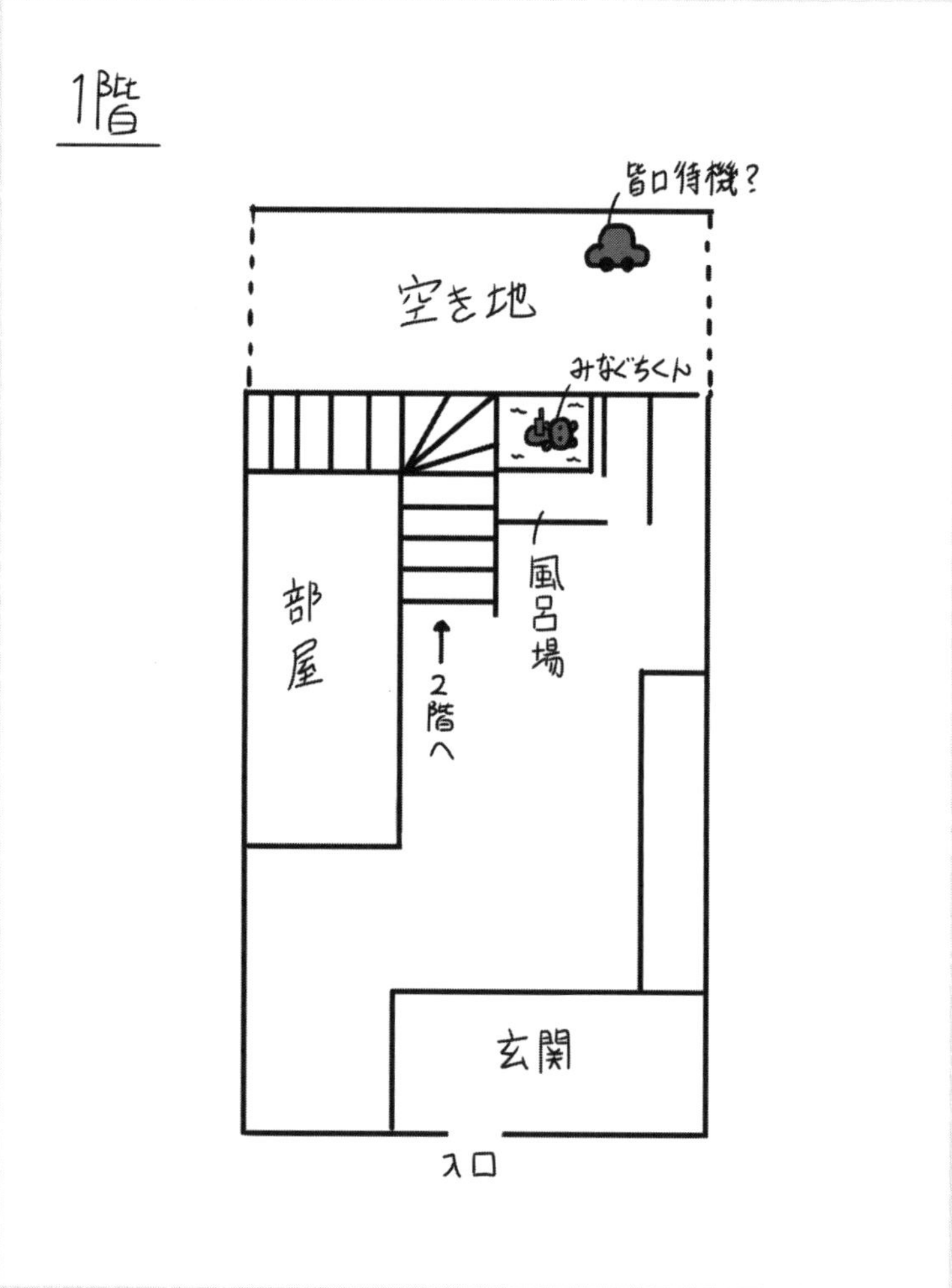

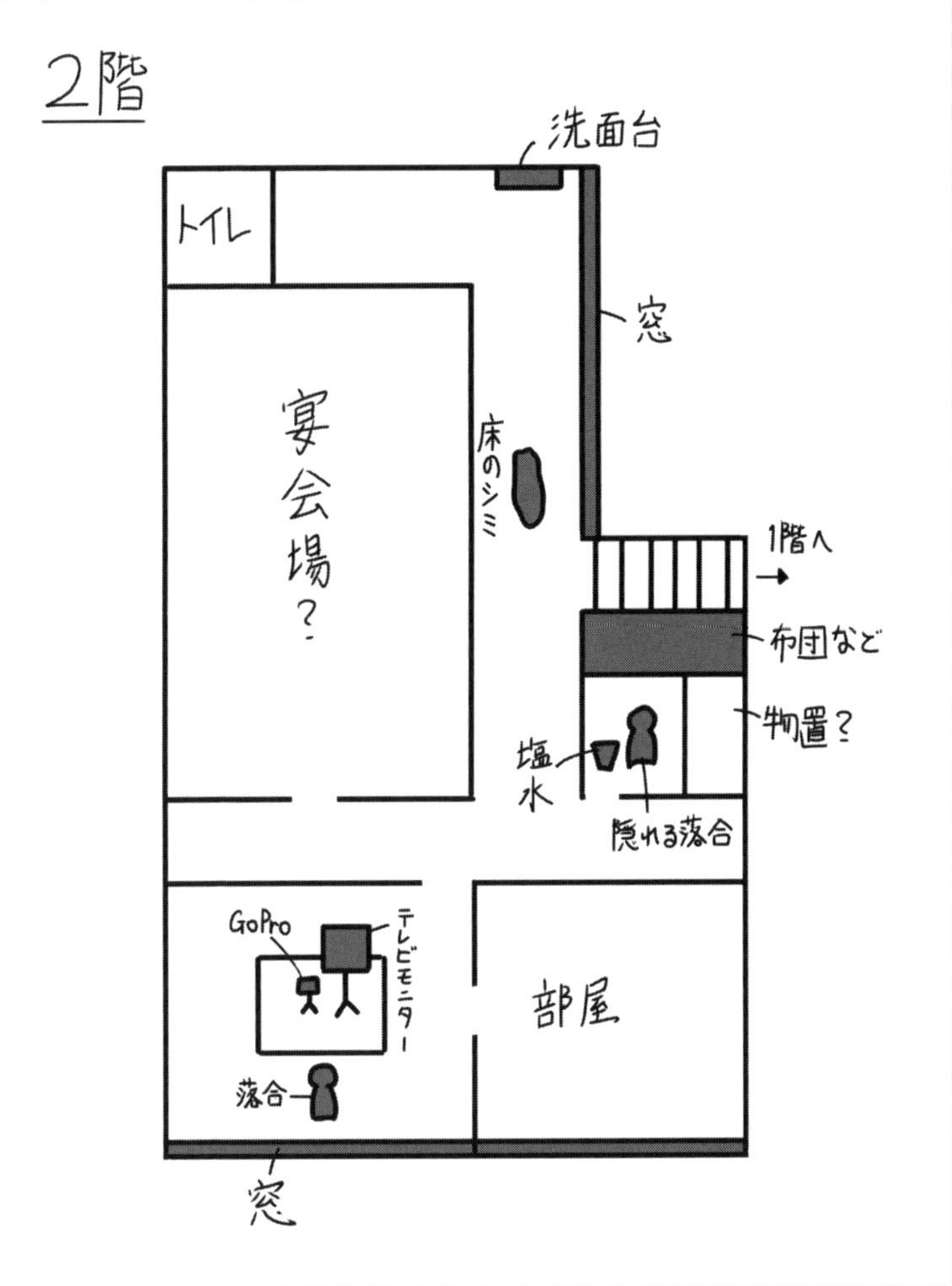

※実際のものとは違う可能性があります。

OFF SHOT

“みなぐちくん”とかくれんぼ。

ゴメンね、包丁で刺してしまって。

2章

片山邸

「かたやまてい」

霊現象が多発する怖い家で
取り残された思い出の品を大捜索！
そこで遭遇した戦慄の事実とは？

視聴者からの依頼で訪れたこの家では、以前から霊現象が頻発していた。鳴るはずのない時計の音、足音、ノック音、ピアノ、ひとりでに動くマネキン……。また、家族も風呂場で事故死しており、怖くて近づけないと言う。
家の周囲でも事故が多発し、自殺した人もいるそうで、この付近一帯に何かがあるのではないかとも感じさせる。
住人が次々と去ったこの家は、現在は15年間手付かずのまま放置されている。

知名度	C	（まだ有名になっていない謎多きスポット）
恐怖度	A	（雰囲気がヤバい。呪われそう）
ゾゾゾポイント	4.5	

初夏のある日。群馬県に撮影に行くということで、皆口に呼び出された。

待ち合わせ場所には俺と皆口しかいなかった。

「みんなは？」

「いません」

即答された。

前回、二人だけのロケで散々な目にあった記憶が蘇る。嫌な予感を抱えたまま、車を走らせる。現場に着いたときには夕方になっていた。

「実はですね、大変興味深いお便りを、視聴者の方よりいただいておりまして……」

今回なぜ俺が一人であるのか説明もないまま、皆口は手紙を読み始めた。

「私の家について（群馬県・某所）
初めまして！　突然のＤＭ失礼します。ゾゾゾの皆様に是非お願いしたい事があります。私の昔住んでた家に行って頂けないでしょうか？　今は誰も住んでなく空き家で、住んでいた時に何度も心霊現象に遭っています。
また、実の祖母がお風呂で溺死しており…思い出の品を取りに行きたいのですが、怖くて行く事が出来ません。ゾゾゾの皆様で探して来て頂けないでしょうか？」

「本日お便りを送っていただきました片山さんに来ていただいております」

投稿者の片山早月（仮名）さん本人が現れた。今まで、投稿者と実際に会うというケースは一度もなかったので驚く。

皆口が続ける。

「こちらのお家が相当怖いと？」

「そう……ですね、はい」

「え？　家、ある？　え……ここですか？」

俺は青々と茂る植物群落を示して聞く。

たしかに塀と門はあるが、入口から草がぼうぼう、敷地内には大きい木も生えていて、門の正面に立っても家が全く見えない。

嘘でしょ……？

皆口はあらかじめ、片山さんから話を聞いていたらしく、滔々と説明する。

この家は、片山さんの父方の元実家。当時は、父親、祖母、片山さんの三人暮らしだった。ただし父親はほとんど家に帰らず、母親はこの家の近所に住んでいた。

そして約15年前、この家の浴槽で祖母が亡くなった。祖母は必ず介護者と一緒にお風呂に入っていたのだが、なぜかその日は一人で入浴してしまった。祖母の遺体を発見したのは片山さんだったそうだ。

片山さんは祖母が亡くなった家で暮らすことが怖くなり、家財道具すべてを残して逃げるように家を出た。そしてそのまま1回も家に帰らず15年が経ち、今に至る。

祖母が亡くなってから1年くらいは、親戚が片付けなどのためか少し出入りしていたらしいが、基本的にはそのままの状態で放置されている。

15年間手付かずの状態ということか……。

「このお家、日頃から頻発する霊現象があった……と。そういったことが重なって、現在もとても入る気にはなれないということです」

さらに、皆口が不穏なことを言い出し、実際にあったという霊現象を挙げていく。

「電池の入っていない目覚まし時計が鳴り響く」

「寝ているときにノック音が鳴る」

「誰もいない廊下から足音が聞こえる。その足音は、片山さんの友達も聞いている」

「家にはピアノがあり、家族から『ピアノがうるさい』とたびたび注意されたが、片山さんは一度も弾いていない」

霊現象はまだある。

「雰囲気がもうダメで……。物置部屋に人形……マネキンがあって……」

片山さんは嫌そうに顔を歪ませた。

片山さんは、そのマネキンが小さい頃から怖かった。祖母は生前着付け教室を開いており、マネキンは授業で使われたものだったそうだ。そのマネキンがひとりでに動いたのか、いつの間にか置いてある位置が変わることがあったという。


「怪現象起きすぎじゃない？」

俺は皆口に突っ込んだ。いろいろありすぎて、情報が整理できない。そして複雑そうな家庭事情に底しれぬ気味の悪さも感じていた。

だが、まだ話は終わっていなかった。

「こちら、生い茂ってる方が本日お邪魔する片山さんのお家なんですけれども、その向かいにもう1軒お家あるじゃないですか？」

向かいの家は、片山さんの家と違ってごく普通の家だった。社宅として使われていて従業員が住んでいたらしい。

「従業員さんが自殺したのと……あの窓から女の子の影がよく見えていたっていう……」

「で、さらになんですけれども」

皆口に連れられ、片山家の裏側に移動すると、そこには鳥居が立っていた。小さなもので、くぐることはできないサイズだ。

片山さんによると、このあたり一帯は事故が多発するエリアで、トラックが突っ込み家の壁や鳥居自体も何度か破壊されているらしい。

「関係ないと思うんですけれども、霊現象が頻発してた片山さんのお家、で、その真裏には事故が多発する鳥居、向かいの家では自殺があって……。なんかちょっと、ここら辺一帯がヤバいんじゃないかなっていうのは感じちゃうなあ……って」

皆口が少し遠慮気味に言った。

ただ、一連の現象は祖母が亡くなる前からのもので、片山さんにも霊現象が起きている理由はわからないと言う。


というわけで本題。

家の中から取ってきてほしい思い出の品を3つ、依頼される。

思い出の品①　片山さんが着た七五三の衣装
とても思い入れがあり、色は紺色。物置部屋にあるかもしれないとのこと。

思い出の品②　家族写真
　もし見つけたら、あるだけ回収してきてほしい。

思い出の品③　卒業アルバム
　慌てて家を出た際に置いてきてしまったらしく、後悔しているそうだ。

　俺は便利屋かよ……と思ったが、まあしょうがない。ここまで来たら、行くしかない。

　しかし敷地に入っていきなり、かなり衝撃を受けた。

　15年放ったらかしの庭は、これでもかというくらい植物に侵食されていた。すでに暑い季節なので、もちろん虫もいて、ジメッとしている。……苦手だ。

　かなり大きな一軒家で、草を掻き分けながら進んでもなかなか家に着かない。

　やっとの思いで玄関前に到着すると、

「アハハハ……アハハハ……」

　と俺たちをあざ笑うかのような甲高い声がどこからか聞こえてきた。振り返ったが、誰もいない。

「いやいやいや……マジかよ。すごいぞ、この玄関」

俺は思わず声を上げた。

玄関の引き戸にも、野放図に生えた木が迫ってきている。正面玄関の前から外を見ると、木々が生い茂り他のものは一切見えない。まるでジャングルだ。

家に向き直り、引き戸に手をかけて力を入れる。意外にもスルスルとスライドした。

「うわ、開く。え、ちょっと怖……え？　うわああ……」

ぐしゃぐしゃに散らかった部屋の片鱗が見える。物が散乱し、そしてかなりの厚さの埃が積もっている。

「いやいや、これちょっとマジすぎるって」

ある程度覚悟はしてきたが、余裕で想像を超えてきた。入りたくない。しかし、ここにいても仕方がない。お邪魔します、とつぶやいて意を決して中に足を踏み入れた。

その途端、何かに左腕を触られた。

「うわっ！　びっくりした。何？　え？　なんか触られた気がするんだけど。マジで誰かに……。触ってないよね？」

皆口に聞くが、触っていないと言う。俺はのっけから軽くパニック状態になった。

気を取り直して室内に上がる。玄関にはたいして物はなかったが、めちゃくちゃ荒んだ感じがする。

そこに、機材と見つけた物を入れる回収用段ボールを設置した。

そのとき、右の部屋の奥で何かが光った。

「うお！　びっくりした」

「なんですか？」

「いや、鏡が……。あ!!　鏡じゃねえ!!　びっくりした!!　人形じゃん……」

室内には日本人形が置かれていた。日本人形のガラスケースが照明に反射して、鏡に見えたのだ。よく見ると室内にはたくさんの人形たちが置き去りにされていた。

そしてその部屋には、誰も弾いていないのに鳴っていたというピアノがあった。蓋は開けっ放しになっていて、鍵盤には埃が積もっている。

おそるおそる鍵盤を押し込んでみると、くぐもった音が鳴った。

妙に嫌な気分になった。


改めて、入ってすぐ左の部屋から捜索を始めた。

扉を開けると、ちゃぶ台や敷布が見える。床には本がバラバラと落ちている。生活用品も適当に転がっていて、生々しい。タンスを開いてみると、当時の衣類がぎゅうぎゅうに押し込められていた。引き出しは容易には開かないくらいパンパンに詰まっている。

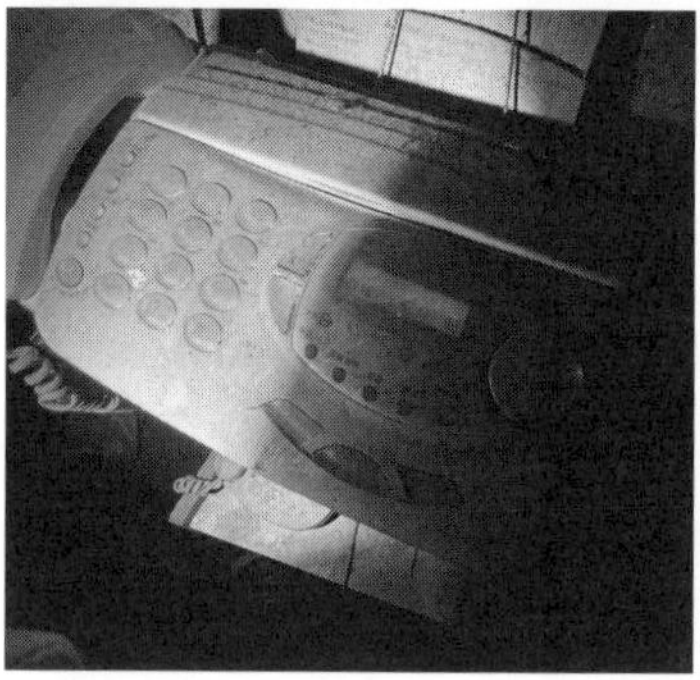
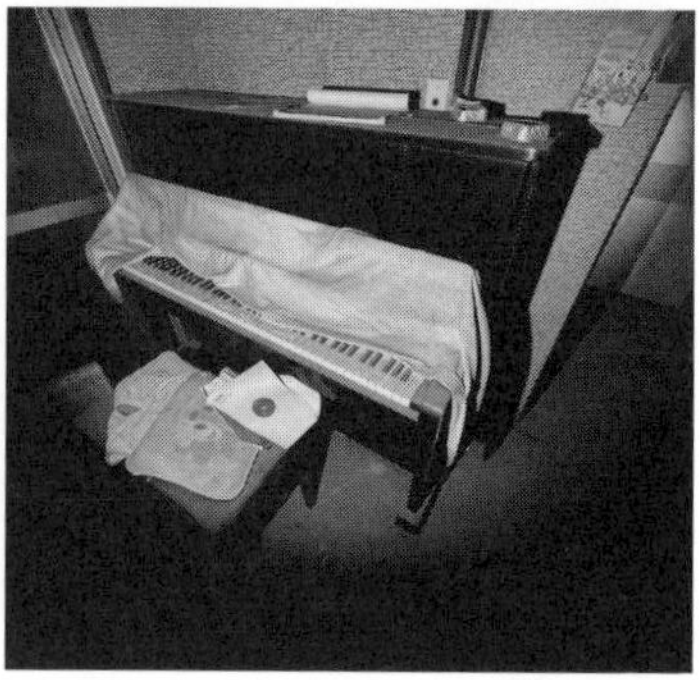

七五三の衣装はなさそうなので、他の部屋に移動しようと廊下に出る。

ふと見ると古いタイプのFAX付き電話が置かれていた。黄緑色のランプが点滅している。

「うわっ！　っていうかさ、これ電話のランプついてるんだけど」

「……ずっと放ったらかしで、電気代、どこからか引かれ続けてるんでしょうね」

皆口も驚きの声を上げる。

FAXの表示を見ると、文字が上下反転している。時間は23：59になっていた。


さらに廊下を左の方へ進んでいく。廊下には三面鏡や犬小屋が置かれ、食器、木箱……などがバラバラとそこら中に落ちている。

室内は自然に荒れたという状態ではなく、めちゃくちゃ荒らされていた。ただ、放置しておいただけでは絶対にこうはならない。壁紙もボロボロに破られている。

「この物の荒らされっぷりはどういうことなの？」

「もしかしたら、誰かが……あっ」

皆口が指差す方を見ると、写真が落ちていた。裸で落ちていて、角がクルッと丸まってしまっているが、片山さんの写真のようだ。続けて、ピアノを弾く片山さんの写真も発見した。

拾った写真は回収用の段ボールに入れる。


隣の部屋は居間のようだ。

「え、どういうこと？　え……」

中を見て、絶句する。

ご先祖様の写真や、賞状が額に入れられて飾られている部屋なのに、床はぐちゃぐちゃだ。引き出しを全部開けて物を全部出して散らかさないと、こうはならないのではないか。

15年放置されていたとは聞いていたが、荒らされているとは言っていなかった。

この家に何があったのだろうか……？

居間の机の上にはレンタルＤＶＤのケースが無造作に乗っていた。もし延滞料金が発生しているとしたら、一体いくらになっているのだろう。

部屋の片隅に懐かしのプリクラがたくさん貼られた帳面が出てきた。段ボールに入れようと手に取ると、その下から中学校の卒業アルバムが出てきた。

「あー、よかった……」

こんな状況ではあれど、依頼された物を見つけられてほっとする。

あとは、七五三の衣装と家族写真だ。


さらに廊下を左に進むと、突き当たりにまた部屋があった。

黄色い布団が敷かれたベッド。扇風機。小さい卓袱台。ふすまにはペンでかわいい落書きが描かれている。おそらく片山さんの部屋だろう。女の子の部屋の感じはするが……それでも壁には穴が空き、室内もけっこう荒れている。

机の上や下から、写真と家族アルバム数冊を見つけた。

携帯電話も置かれている。携帯電話すら持たずに飛び出したのか……。

片山さんの部屋の横のふすまを開けると、隣にも部屋があった。


「1回ちょっと手分けして、ここの部屋と隣の部屋、探してみましょうか」

皆口の提案で、皆口は片山さんの部屋に残り、俺は奥の部屋に向かった。

「寝ているときにノック音が鳴る」

「誰もいない廊下から足音が聞こえる」

などの怪現象が起きたのは、隣のこの部屋だ。夥しい量の段ボール、衣類、本などが床に散乱している。

その中から家族写真を見つけて、なんとか回収する。

そうこうしている間に、皆口が新たな部屋を見つけた。段ボールが適当に放り込まれている物置のような部屋だ。ここの床にも、幼い頃の片山さんと思われる写真が落ちていた。

その部屋にさらに扉があるが、開かなかった。

「めちゃくちゃ部屋数あるじゃん、ここ……」

俺は少し呆れた口調で言う。

こんな大きな家、都内ではなかなかお目にかかれない。

片山さんの部屋の捜索を終え、さらに廊下を奥に進む。天井は落ちているし、そこから雨が入って床もかなり傷んでいる。不用意に歩くと踏み抜く危険性もあった。

そっと、慎重に進む。

廊下が突き当たり、左の壁にタイルが見える。水場か……。

覗き込むと、古いタイプの男性用小便器が見えた。便器は黄色く汚れていた。

そして反対側を見ると、

「ああッ‼　びっくりした‼　ちょっと何、今の‼」

そこには人が立っていた。

いや、マネキンが立っていた。

ひとりでに動くという、例のマネキンだ。

部屋の入口で、こちらに背を向けている。

後ろ姿がめちゃくちゃ怖い。

「顔見れない……顔見れ……」


チリン……。

皆口が押し黙った。鈴の音だろうか。緊張感が走る。


「物置部屋ってここですか？」

「ここですね……たぶん」

皆口の問いに答える。

物置部屋に七五三の衣装があるかもしれない、と片山さんは言っていた。

しかし、部屋の入口はマネキンに塞がれている。

「これは俺ちょっと、マジで無理だって」

全力で拒否したが、皆口に説得されて、結局中に入ることになった。部屋に入るには、マネキンを動かさなくてはならない。

「うー!!　あー……」

マネキンの肩におそるおそる触れる。なんとかマネキンの位置をズラすと顔が見えた。意外と洋風な顔立ちで、真っ赤な唇をしている。

「本当にごめんなさい……失礼します!!」

マネキンに謝りながら、部屋に入る。

すれ違うときの距離は、15センチも空いていない。

「髪の毛が落ちてる……」

皆口が突然つぶやく。

見ると、バラバラと短く切れた髪の毛が着物の肩にかかっていた。


室内には衣装箱がたくさんあった。タンスもかなり年季が入っている。古い着物のようなものは見つけたが、七五三らしい服はない。

隣のタンスの中にはどの段も風呂敷だけが残されていた。

室内は荒らされ、タンスにあるはずの物はない。

「元々なかったのか、誰かが持っていったのか……」

物の残され方を見るに、よい状態の着物だけがなくなっているような気がした。

結局、七五三の衣装は見つからなかった。再びマネキンに謝りながら部屋を出る。


そして物置の隣の部屋は〝浴室〟だった。

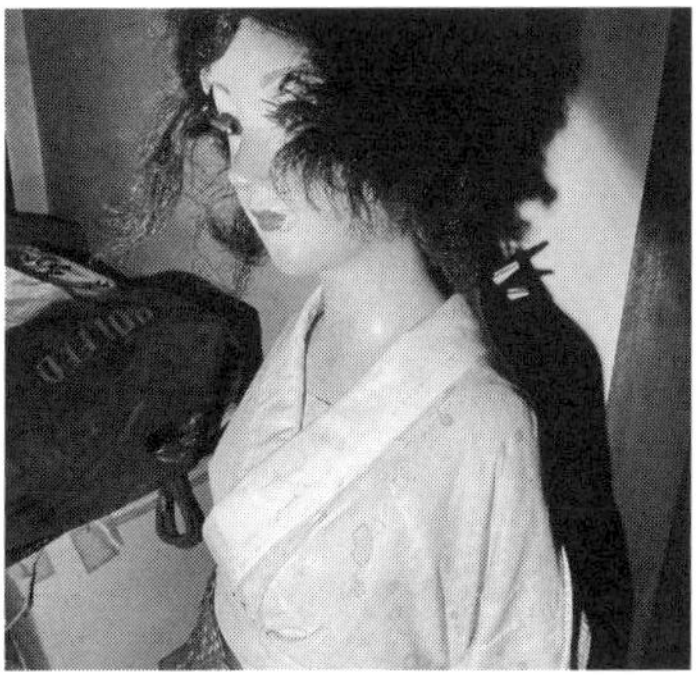

「いやいやいや、だってないでしょ、浴室には？」

「これだけ散らかってるから、わからないですよ。何か放り込まれているかもしれない」

「ここで……ってことだもんね？」

「お話だと……」


祖母が亡くなったという浴室だ。

写真も着物もないだろ……と思いながら、渋々扉を開けた。浴室内もめちゃくちゃに荒らされていた。


そして、落書きされている。


片山さんの部屋にあったような女子が描いたかわいらしい落書きではなく、黒いスプレー缶で描いた禍々しい落書きだった。図形のようなものが描かれているが、読み取れない。

ただ、

〃死〃

の漢字が強烈に目に入ってきた。

「怖い……。え……めっちゃ鳥肌立ったんだけど、今……」

片山さんが祖母の遺体を発見したときには、すでに死後硬直が始まっていたという。そしてそれがトラウマになり、取るものも取りあえず、家を出ていった。

そして15年が経った。

祖母が浴室で亡くなったのを知っているのは、ほぼ身内だけのはずだ。

なぜ、浴室だけこんな落書きがされている？

……この落書き、ひょっとして身内が描いたのか？


祖母が亡くなったという浴槽は、青い蓋で閉ざされていた。

「これは、ちょっと、俺はもう無理っすよ……」

「これ以上は、見る必要ないですよ」

俺は扉を丁寧に閉めて、浴室から離れた。


隣の台所もひどく散らかっていた。ざっと見たが、ここに何か思い出の品があるようには見えなかった。

台所を出ると、また廊下が突き当たって右に続いている。右奥には玄関が見えた。グルリと家を回ってきたことになる。玄関までの途中にまだ部屋はある。

正面の部屋に入る。

狭く散らかっている部屋には、棚にスーパーファミコンのゲームソフトが置かれていた。ということは、片山さんの持ち物が落ちているかもしれない。

しかし、かけられた額縁からは写真が抜かれていた。そして出てきた写真アルバムからも写真は剥がされ、たった1枚しか残っていなかった。


左の部屋からは、宝石が入っていたと思われる、大量の箱が出てきた。しかし箱だけだ。

「持っていかれちゃってる……」

祖母のネックレス、指輪、ブレスレットが入っていたであろう箱だけが20個前後残っている。中身の宝石類はすべてなくなっていた。おそらく誰かが持っていってしまったのだろう。

「全部の部屋を見たので、改めてありそうなところ、二人で手分けして見てみましょう」

皆口に言われ、手分けして探す。ところどころで見落としていた写真やプリクラ帳を発見し、回収用段ボールに入れていく。

「電池の入っていない目覚まし時計が鳴り響く」

であろう目覚まし時計を、皆口が片山さんの部屋の隣で見つけた。

「見てくださいよ。『絶対に鳴るはずがない』って言ってたのがわかるぐらい、なんか……」

皆口が時計を裏返すと、テープでやたらめったらとめられていた。鳴らないように、電池ボックスを塞いだのか？　ひどく気持ち悪いことになっている。

時間は0時25分で止まっていた。

そしてその部屋の壁には、男の子の写真が飾られている。その男の子のものと思われる育児記録も部屋の片隅に落ちていた。

片山さんには、兄弟がいたのか……。

結局3時間ほど捜索を続け、品々を入れた段ボールを持って外に出た。

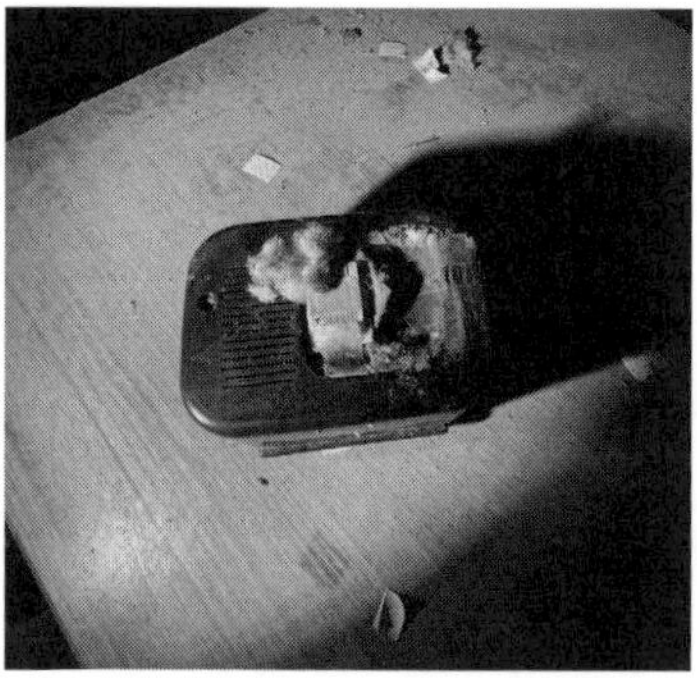

「残念ながら、すべての品を発見することはできなかったんですが……」

謝りつつ、それでも見つけてきた物を渡す。

片山さんは、育児記録を見ながら、

「兄のですね。うわあ……すごい」

と感嘆していた。


そして、片山さんはこの家の過去について話してくれた。


「額縁に入った写真の男の子、うちの兄で……。私とおばあちゃんとお父さんの、三人で住んでる前に、母親がこの家を出ていった時点で、私も1回一緒に出ていって」

母親と兄は逃げるように、この家を出ていった。それ以降、二人はここには一切近寄っていない。片山さんだけがいったん家に戻り、祖母の世話をしていた。

「母親がこの家から出るときに、ほんのちょっとの衣類とか、私の兄の上に、生まれてすぐ亡くなってしまった兄がいるんですけど……、その兄の遺影しか持ってきてないんですよ。なので、小さい頃の写真とかが全く残ってなくて。母親も逃げるように出ていったので、持ってくればよかったって、すごく後悔してますね」

祖母が亡くなり、片山さんもこの家から離れていった。

着物や宝石類がなくなっていたことを話すと、祖母の死後、出入りをしていた親戚が持っていったのかもしれないと言った。

ただ親戚は、壁に飾られた写真や、アルバムの写真は持っていかないだろう。それらは、父親が持っていったのだろうか。

皆口に一番怖かったポイントを聞かれ
「マネキンですね」

と答えた。本当に心臓が止まるかと思った。

そして物を探しているときに、頻繁に物音がするのも怖かった。

「おばあちゃんが亡くなるより前から足音とかも聞こえてて。もしかしてマネキンが……みたいな。それが怖すぎて、物置部屋から出したくなくて、封印みたいな形で物置部屋の中にしまって扉閉めといたんで……」

片山さんは封印したのかもしれないが、俺たちが見つけたときは、扉は全開だった。

片山さんは〝霊現象が怖い家〟だと言っていたが、俺としてはそうではなかった。

もちろん霊現象のようなものが起きなかったわけではない。声や鈴は聞こえたし、触られた感触もあった。

だがそれよりも人が怖かった。

ほとんど家に帰ってこない父。
霊現象が起こる家を恐れ、逃げるように家を出て二度と帰ってこなかった母と兄。
逃げるときに、亡くなった兄の遺影しか持ち出さなかった母。
浴室で亡くなった祖母。
その祖母の遺体を発見し、すべてを残して家を出た片山さん。

そして、家主が気づかない間に、家に上がって金目の物を盗んだ誰か。
祖母が亡くなったのは浴室だと身内しか知らないはずなのに、浴室の壁に〝死〟と落書きした誰か。

どこかが歪だ。耳をすませたら、ギチギチと軋んでいる音が聞こえてきそうだ。
その歪みが、この家の恐怖の発生源になっているのかもしれない。

そして何より、家主本人が入れない家に、俺が入って探し物をしていること自体が少し不思議ですごく怖かった。

記憶を頼りに描いたMAP

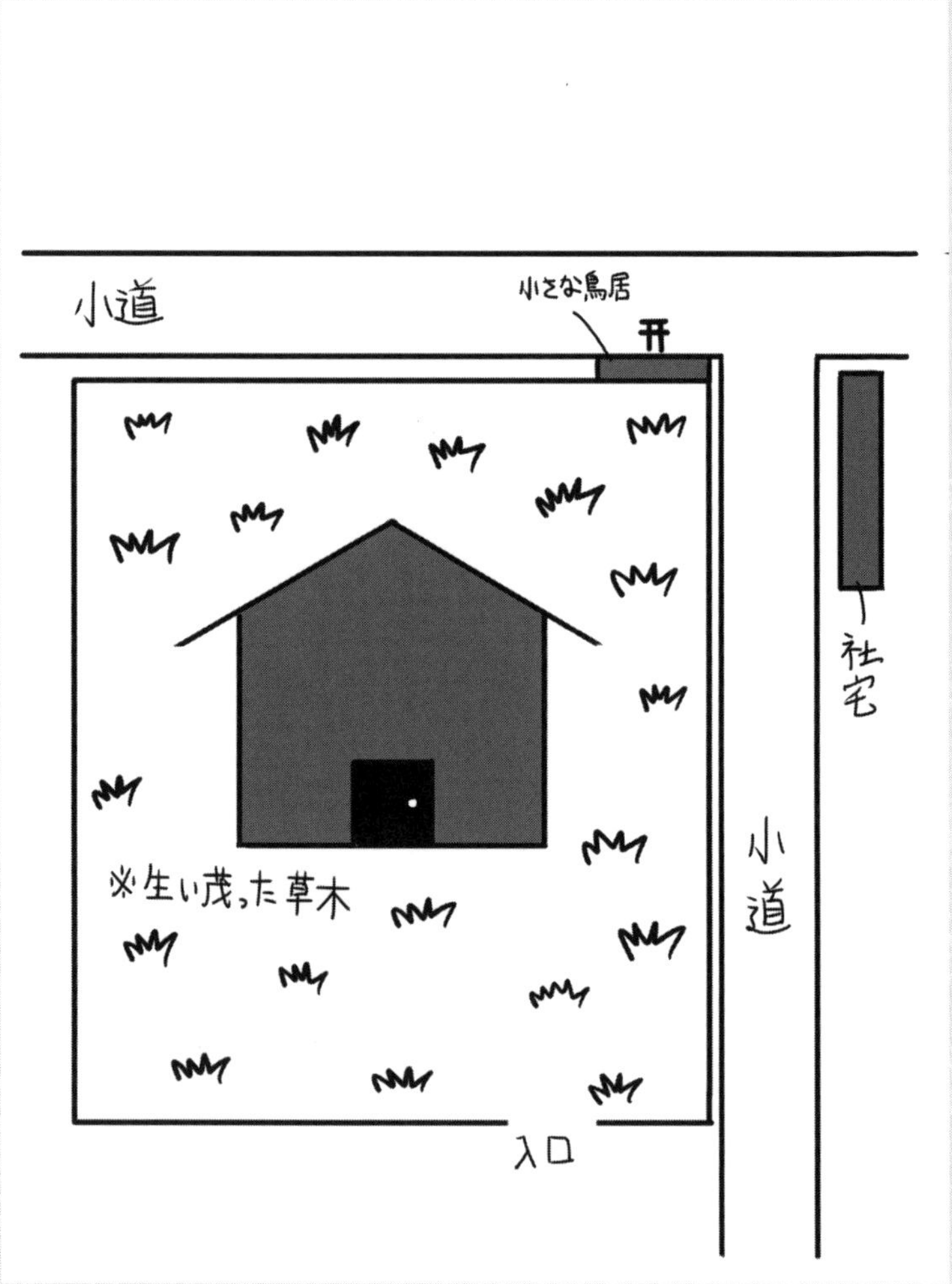

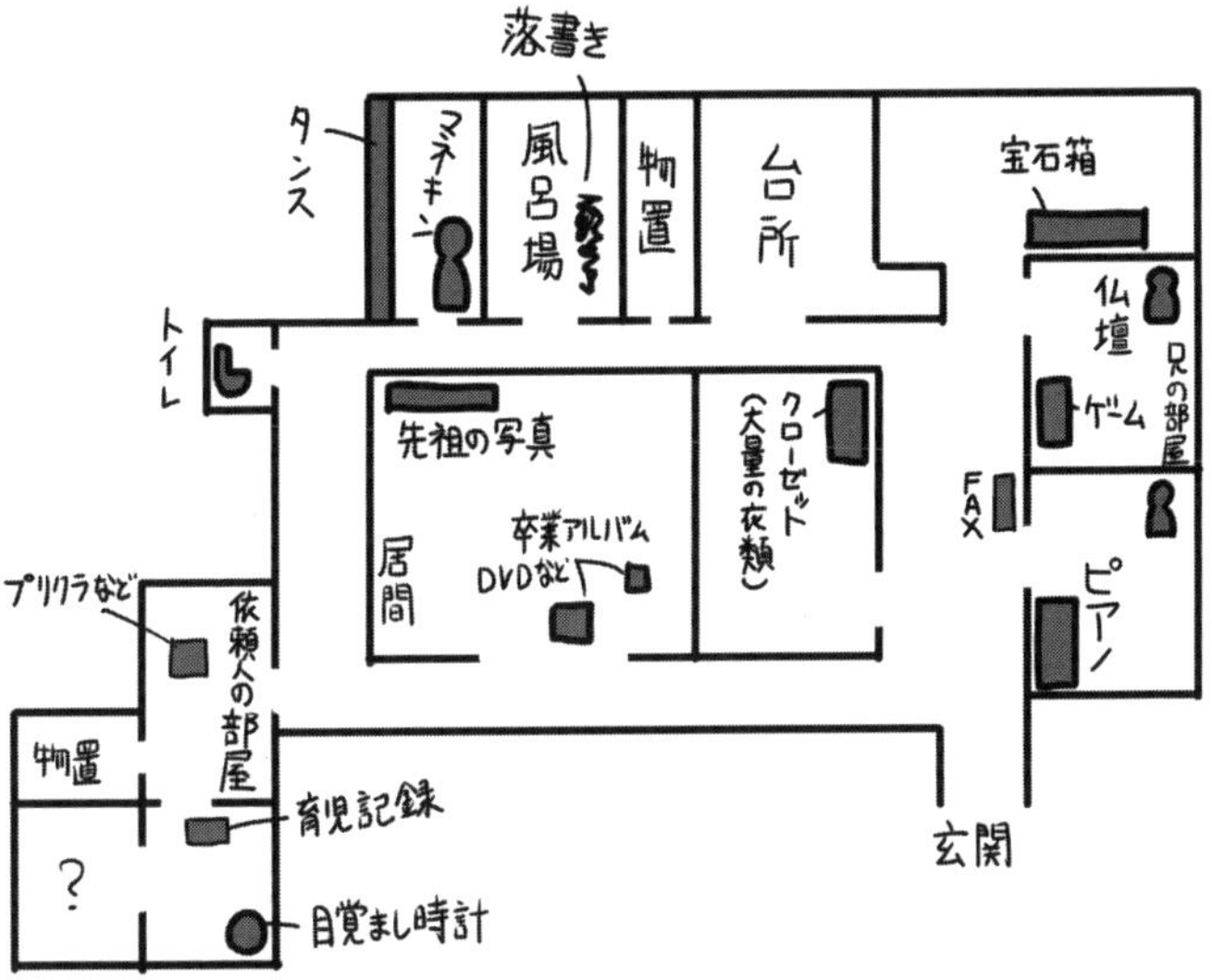

※実際のものとは違う可能性があります。

OFF SHOT

なんとか思い出の品を回収。

マネキンは処分しといてください、マジで。

3章

玄岳ドライブイン

「くろたけどらいぶいん」

危ないアジト！
削除覚悟のミステリー廃墟大潜入で
実証実験スペシャル！

静岡県の伊豆スカイライン沿いにある特徴的な円形のドライブイン跡。営業中の事件・事故の噂はないものの、地元では有名な肝試しスポットとして知られている。

怪現象の噂も多数囁かれており、「怪しい集団が謎の儀式を行っているのを見た」と言う目撃情報もあるようだ。

そして、入口付近に「訪問ノート」と書かれたノートが置いてある。一見、どこにでもある訪問ノートだが、管理会社によれば、そのようなものを置いた記憶はないと言う。

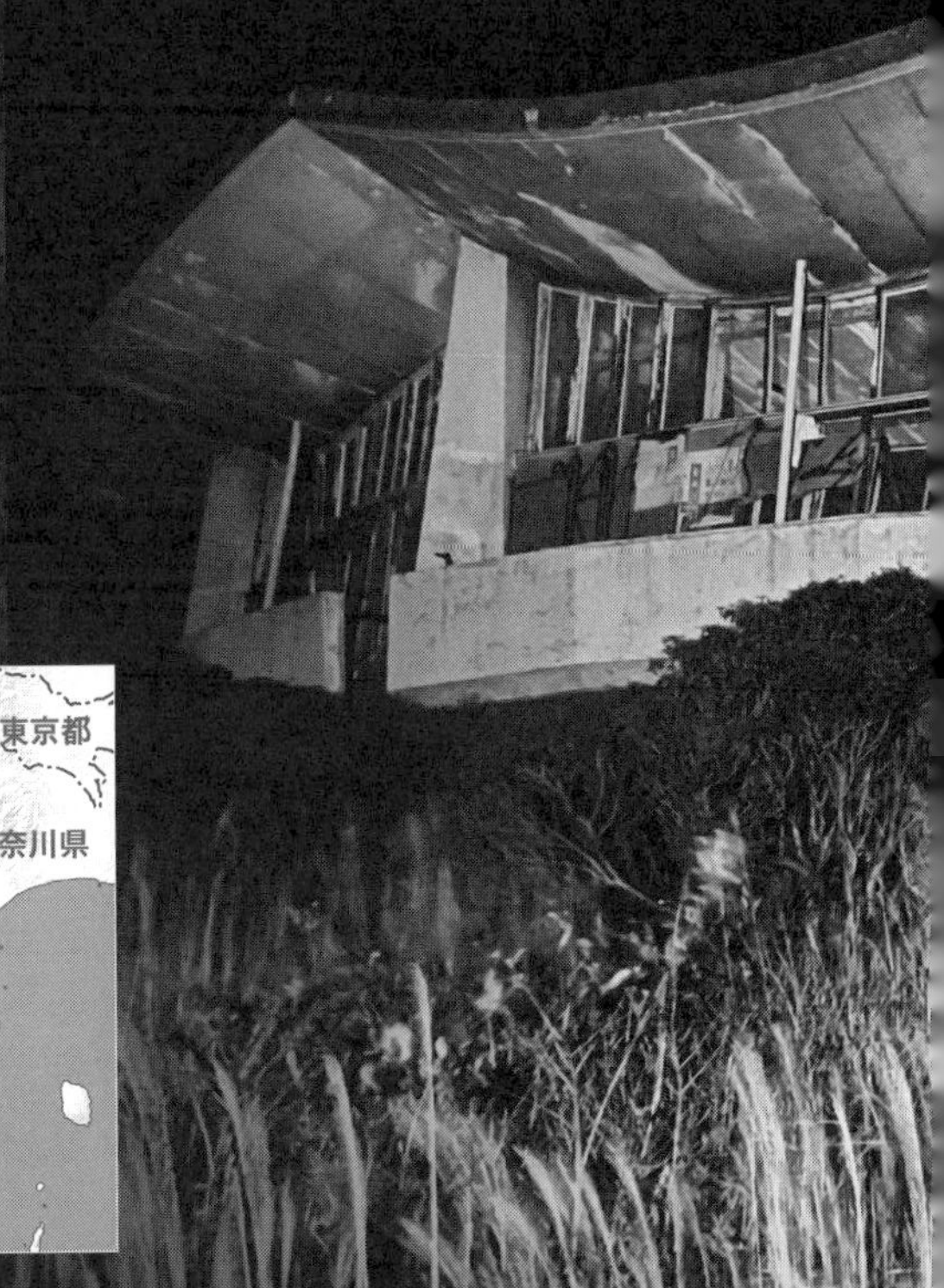

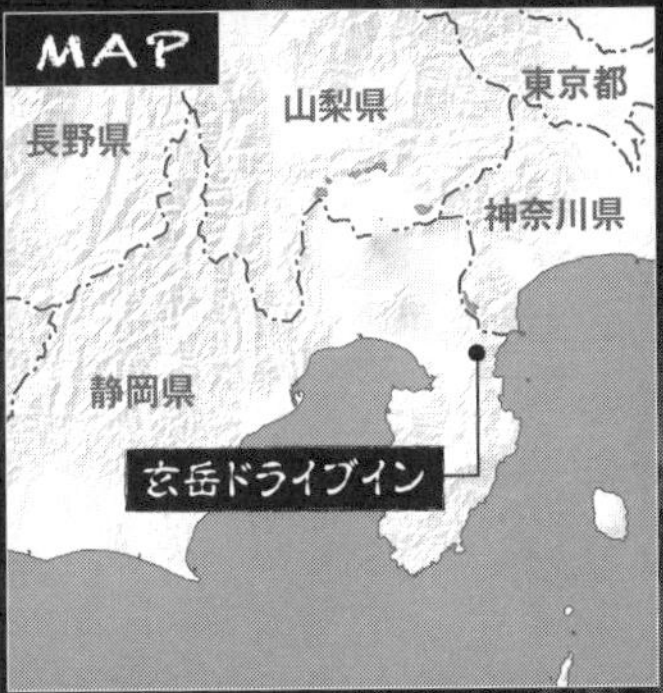

知名度	B	（地元では有名な肝試しスポット）
恐怖度	B	（雰囲気がある。それなりに怖い）
ゾゾゾポイント	4.5	

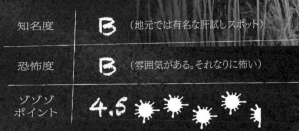

ゾゾゾフルメンバーの五人で静岡県熱海市にやってきた。非常にめずらしいことに、まだ日がある明るいうちに撮影が始まった。

明るいのはいいが、非常に風が強い。季節は真冬。立っているだけで、体から熱が逃げていくのを感じる。

「今回スペシャル回になっております」

皆口に言われて、思わず

「ゾゾゾの？」

と聞き返してしまった。

実はゾゾゾの撮影はずいぶん久しぶりだった。怖い撮影は嫌ではあるが、みんなに会えて、少しウキウキしている。

目的地は俺たちの後ろに建っていた廃墟だった。かなり大きな施設だ。

建物に架かるスロープには赤い文字で「玄岳ドライブイン」と書かれている。経年劣化で文字が剥がれかけており、かなり古い廃墟であることがわかる。

いつも通りスペシャルゲストで長尾が紹介され、内田が廃墟の説明を始めた。

「こちらの玄岳ドライブインは、静岡県の伊豆スカイライン沿いにあるドライブイン跡となっております。玄岳ドライブインは1967年に開業、熱海高原ロープウェイの山頂駅としても利用されていました」

開業は50年以上前か。もちろん俺が生まれる前。昭和レトロな廃墟だ。

「2005年に玄岳ドライブインは閉業し、翌年2006年にNPOに譲渡され『地球環境&エネルギー資料館』としてリニューアルしたんですけれども、2008年に閉館となり、それ以来、廃墟化しました。営業中の事件や事故の目立った事例はありませんが、地元では肝試しに訪れる若者が多いそうです。

また、特徴的な円形の建物の内部は不気味で不可解に入り組んだ構造となっているそうです。数年前には怪しい集団が謎の儀式を行っていたという目撃情報もあり、幽霊や怪現象の報告も多く囁かれている場所となっています」

いつものように心躍らない情報だが、ただ今はあたりが明るいのであまり恐怖は感じない。

「怪しい集団が儀式を行っていたというのは気になりますね」

長尾の言葉に同意する。霊じゃない、肉体のあるモノへの恐怖だ。

近づくと、想像以上に大規模な建物だった。正面入口の部分は板張りされていて、赤いペンキで「立入禁止」と書かれている。どうやって入るんだろう？

「例にならってうちの番組、今回撮影許可いただいております」

皆口によると、別の出入口があるらしい。

「管理者の方からヤバめな注意点を伺っておりまして……」

皆口の言葉を引き継いで、内田が説明を続けた。

「こちらなんですけども、テレビ番組やYouTubeの撮影も何度か入っているらしいんですよ。何やらこの建物の中には、YouTube的に映してはいけないものがあるらしくて、以前ここで撮影された方のチャンネルが垢BANされかけたらしいんですよ。『それは何ですか？　どこにあるんですか？』って伺ったんですけども、『消されかけた』っていうこと以外は撮影者から聞いていないそうで……」

つまり、〝撮ってはいけないものが何なのか、どこにあるのか〟わからないまま撮影をしなければならないのか……。垢BANされるようなものって何だ？　宗教的なもの？　それともエロティックなもの？

せっかくこれまで大事に育てたチャンネルがなくなるのは、俺も嫌だけど、俺以上に皆口が嫌なのでは……と思い、皆口を見る。

「今回我々……動画削除、チャンネル消滅も辞さない不退転の覚悟！　猪突猛進の精神でこのミステリー廃墟に潜入していきたいなと！」

なんか変なスイッチ入っちゃってるよ……。誰か、止めてくれ。

内田＆山本＆皆口

オープニングの撮影が終わった後、スタッフ陣は建物の周囲を撮影していた。裏の方まで回ったときに、音が聞こえてきていることに気がついた。

ヒーリング音楽のような音が鳴っている。鉄塔の軋みかとも思ったが、音程がある。怖い現象だが今は明るいので怖くはない。

「夜にまた聞こえてたら、嫌だよね。不気味だよ」

内田の言葉に、不安が広がる。

このまま明るい中で撮影するなら、怖くなくていいよな……と思ったが、もちろんそんなわけはない。しばらく待ち、とっぷりと日が暮れて、あたりが闇に包まれてから建物に入ることになった。

夜中になってますます風が強くなった。山の上なので、さえぎるものがない。

「今回ですね、ゾゾゾ久しぶりの肝試し。シンプルに肝試しをみなさんと一緒にやっていきたいなということで……」

皆口が趣旨を説明する間も、ゴウゴウと風が吹き続けている。声を張り上げてはいるが、聞き取るのがギリギリだ。

　皆口に懐かしのアヒルちゃんを手渡された。

「今回、二手に分かれて、『ここだ！』っていう一番怖い場所を見つけてこのアヒルちゃんを置いてきてください。相手チームがその場所で、怪現象をカメラに収めるべく、実証実験を決行していただきたいなと思っております」

「どういうこと？」

　納得できない、変なルールだ。

　出入口はスロープを通った2階になるらしく、暴風の中を移動する。

　そして最後に、玄岳ドライブインでヤバいと言われている場所を皆口が発表する。

「まず、トイレ」

　ただし、どこのトイレなのか詳細は不明らしい。

「そしてですね、3階の〝椅子の山〟。これはミステリースポットとしての象徴というか……ぜひ我々もカメラに収めてみたいな、と」

　そうこう言っているうちに、スロープの先にある、鉄の

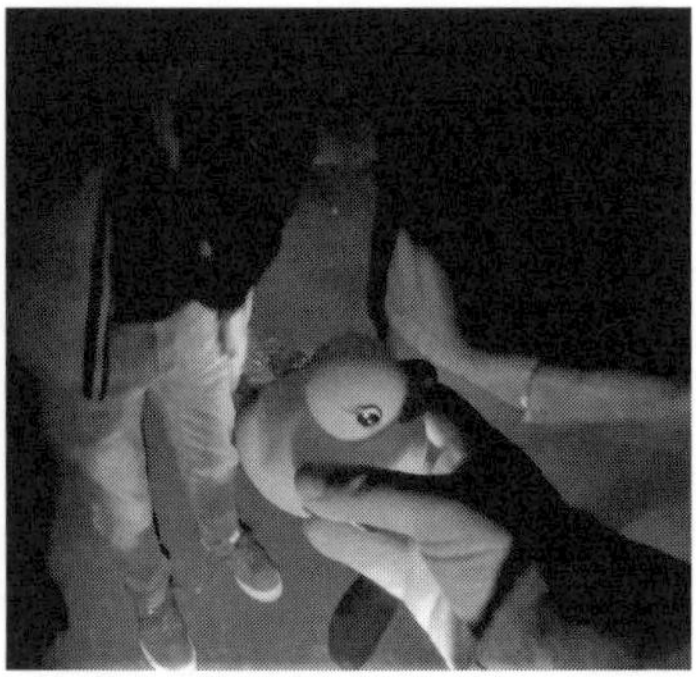

扉の前にやってきた。

こちらの扉にも不穏な雰囲気で〝立入禁止〟と書かれている。管理者から預かっている鍵で中に入ろうとするが、建て付けが悪くてなかなか開かない。

「怪しい人たちが出入りをしていたっていう噂もあるので、もしかしたらその痕跡もあるんじゃないかということで」

皆口の話を聞きながら、なんとか扉を無理やり開けて内部を照らす。

「うおぉー……」

全員から声が漏れた。けっこう物が残されている。

「え……広っ」

長尾がつぶやく。

机やショーケース、機材などが雑然と残され、荒れ果てている。いかにも廃墟だ。

ここでチーム分けをすることになった。
内田・皆口のチームと、俺・山本・長尾のチーム。不測の事態に備えて、お互いのチームと通話しながら探策していく。
先に内田と皆口のチームが探策することになった。二人はトイレを探すつもりらしい。

俺たちは自動車に戻って電話をかける。

自動車の中にいるので恐怖感はないが、

「けっこう広そうだけど、今回はどれくらいの時間がかかるんだろう。早く終わらないかな。俺は行きたくないな。実証実験どうせ俺なんだろうなあ……」

などと考えてしまって、これはこれで嫌なものだ。

内田&皆口

待機組と電話が繋がるのを確認する。電波が悪く、通話は途切れがちだ。

まだ入口から動いていないが、先程からずっと足音がしていた。皆口が待機組に伝える。

「あの、足音がしてるんですよ。ずっと近づいてこない足音がする……」

もちろん有名な肝試しスポットだから、本当に人がいてもおかしくない。

内田と皆口は2階の探索を始めることにした。トイレを探しながら、左回りに進む。

玄岳ドライブインは地下1階から3階までで、地下以外はすべて円の形をしている。そして地下1階と3階にはトイレがないらしい。

廃墟の廊下に光を見つけた。

「これ、管理者の方がつけてる防犯のやつですね」

建物内は、防犯用に人感センサー照明がところどころに設置されているという。

倉庫のような部屋を過ぎ、さらに奥に進む。皆口がお茶のペットボトルを見つけた。

「これ……誰かまだやっぱり、建物に入ってる感じありますね」

「しかもこれ、未開封？」

内田が驚いた声を出す。

皆口が待機組に報告していると、ドンドン!! と音がした。まるで会話を邪魔するかのような大きい音だ。

「おいおいおいおい……今の奥だよね？」

内田が指差す。

「え？ 誰かいるとか？」

「ホームレスの人とかが、もしかしたらいる可能性も……」

心霊現象とは思えない音の大きさと頻度で、二人とも怖いというより戸惑いが強い。

ボロボロの扉を見つけて開けると、奥行きのある広い部屋だった。大きなソファやデスクが置かれている。カレンダーがかけられていて、日付は２００８年。閉館の年だ。

ソファのあたりを調べていると、またバン！　と大きな物音がした。

「びっくりした……ドアじゃないよね？何か踏んだ音？」

物音はだんだん近づいてくる。人なのか、人ならざるものなのかはわからないが、心臓によくない。

ソファの横のすり鉢の中に、紙か線香のようなものの燃え残りの灰が入っていた。そしてすり鉢をどけると、焦げた紙切れが敷かれていた。そのとき、突然通話が切れた。部屋の中は電波がよくないのだろう。

部屋を出て劣化したレストランの看板を調べていると、またカン!!　と物音がした。

「これだけ風通しがいいからさ、まあいろいろ鳴る可能性はあるけど……」

皆口がつぶやく。

物音から逃げるように、奥に向かう。

大量の紙の資料が置かれた場所に出た。「自然エネルギー」「太陽光発電」などと書かれた印刷物が積まれている。

この施設が「地球環境&エネルギー資料館」だった時代の残滓のようだ。

「めっちゃ気持ち悪くない？　これ……」

皆口が指差したのは、赤いまだらな模様が浮かび上がったノートだった。顔が浮き出ているようにも見える。

「怪しい集団が出入りしてたとかいう話あるじゃん。その言い方にちょっと引っかかってて。っていうのもさ……」

皆口は部屋の奥をライトで照らした。

赤い文字列が浮かび上がる。

「落書きが、日本語でもなんでもないんだよね」

意味不明、意図不明の赤い落書きが壁一面に書かれている。アラビア語に見えなくもない。

「YouTube的にアウトなものって、これじゃないよね？」

「えー!?　これ？」

皆口の問いに内田が懐疑的な声を上げる。

アラビア語と言えば……中東の言語。

例えば、国際的なテロリズムを称える言葉などが書かれていたら、垢ＢＡＮ対象になってもおかしくはない。このような赤い落書きは、玄岳ドライブイン内のいたるところに書かれている。

そのとき、ゴトン!!　とひときわ大きい音がした。

先に進むと、新しいゴミがところどころに落ちている。やたらと同じ銘柄の水のペットボトルが廃棄されている場所もあった。さらに移動すると、線香のようなものや、驚いたことに秒針がまだ振動している時計も壁にかかっていた。

近くには大量のチラシが展示してあるゾーンもある。昭和の万博、オリンピック、バイク、テレビなど、懐かしのチラシが並べられているようだ。写真が傷まないように、ビニールで保護されている。

まだ営業していた頃の、玄岳ドライブインの写真も貼られていた。

「まだ新しいやつもある。２０２０年って……」

内田は、２０２０年の東京オリンピックのチラシを指差した。ゾクッとする。霊的な恐怖はないものの、目的不明な気持ち悪さが漂っている。

ザ————ッ!!

通話中の電話から大きなノイズ音が流れ、二人はのけぞった。慌てて車で待機している三人に聞く。

「今のなんですか？　砂嵐みたいな音が聞こえたんですけど」

「え、こっち何もしてませんよ」

車内では特に何事もなかったらしい。

2階をぐるりと一周回ったので、建物の中央通路に進むと、あっさりとトイレが見つかった。古いタイプの小便器が並んでいる。もちろん個室は和式便器だ。なぜか外に洋式便器が置かれている。

汚いが、特に怖い感じはしない。

「なんでトイレがヤバいって言われるんだろう？」

「うーん、そこが不思議だよね」

皆口と内田が話していると、

「今、『スイマセン』とかって言いました？」

と長尾が電話ごしに聞いてきた。

内田は「いや？」と、サラッと流してしまったが、待機組の電話にははっきりと

「スイマセン」

という声が入っていた。

トイレの鏡の前にもやはり線香の燃えカスが置かれていた。緊張感が高まる。

ターン!!

「わっ」「おっ」

ゴン!!　バン!!

続けて音が響く。暴力的なまでに散発的に音が鳴る。

二人は音の出どころであろう方向に進んでいく。扉があったので開けると大きな姿見があった。ギクッとした瞬間にまた通話が切れた。

繋ぎ直そうとするが、圏外になっている。

「入ったときは、こんなに物音バンバンバンバンしてなかったよ」

「うん、なんか、音が激しくなってない？」

おそるおそる進んでいき、２階の女子トイレにたどり着いた。


ドンッ!!　ズゾズゾズゾ……。


「ちょっと待って……何か引きずってない？　ガチ??」

とにかく、人がそばにいるような物音が鳴り止まない。

「ちょっと早く済ませないと、どんどんなんか……」

焦った様子で皆口が言う。


「会話の前後はわからないけど、『ハイ、ハイ、スイマセン』で、電話切れたんですよね」

「もういいよ……」

車内で先程の声について長尾が話すのを遮る。怖くなるので、やめてほしい。

皆口が電話越しに音がするとか、線香があるとか、報告してくるのも、いちいち想像してしまうので嫌だ。

電話は繋がったり切れたりを繰り返していて詳しい状況は今一つよくわからなかった。ただ、二人が物音に怯えていることだけはヒシヒシと伝わってきた。

電話が途切れるたびに、待機している自分たちが助けにいかなくてはならないのではないかと緊張してしまう。

廃墟の方を見上げると、窓から探索中の二人の懐中電灯の灯りが小さく見えて、ホッとしながらそれを眺めていた。

内田＆皆口

霊なのか、人なのかはわからないが、頻発する音に急き立てられて1階に下りる。その途中で再度待機組と電話が繋がった。

1階に到着すると階段の脇にはマグカップが置かれていて、そこにも燃え尽きた線香の灰が残っていた。

「建物中に線香置いてありますね」

1階の壁には英語の落書き、〝コロナ〟と書かれた落書きなどが散見された。

ぐるっと回っていくと、中央カウンターの上に「玄岳ドライブイン訪問ノート　2021〜」と書かれた、真新しいノートが置かれている。

開いてみると、1ページ目にボールペンで文章が書かれていた。

「皆様、はじめましてこんにちは。
私は玄岳ドライブインの維持をしております『セキグチ』です。
少しずつですが元の姿に戻していこうと思います。」

子供のような字で書かれていて、それがまた気持ちが悪い。

「え？　これだけ？」

1ページ目にしか文章が書かれていないことに、内田が戸惑う。そのページには〝2021・3・25〟と日付も書かれていた。

この巨大廃墟を当時の状態に戻そうとしているセキグチという人物は誰なのか、全くわからない。

とりあえずノートは置いて、トイレを探す。

まもなく見つかった1階の女子トイレはとにかくボロボロだった。陶器製の洗面台は叩き割られ、瓦礫が床に散乱している。

そして、トイレに入った途端、電話は切れた。

椅子の上にはなぜか大量のマッチが置かれていて、個室の前には何かを活けていたようなコップが置かれているのが気になった。

個室内もボロボロだ。

対面の男子トイレに移動しようとすると、また物音がする。

「待って。マジで、もう1グループいる……んじゃないの？」

皆口がめずらしく、少し怯えたような声で言う。

「すいません!! 誰か、いますか!?」

内田が大きな声で呼んでみたが、相変わらず物音は鳴り止まない。

「とりあえず、ちょっともうトイレ見ちゃおう」

男子トイレの扉はボロボロになった上にスプレーで赤く塗り潰されている。

内田がおそるおそる開ける。

「え？　何これ、どうなってるの？　全部ピンクなんだけど……」

室内はスプレーペンキで赤く塗られ、それがさらに経年劣化で剥がれ落ち、これでもかというくらい気持ち悪い状態になっていた。

「すごいさ……奥、気になるんだけど」

皆口の言葉に頷き、個室を順番に開けていく。

右の個室には特に何もなかった。

左の個室の中には、やはり線香とコップが置かれていた。

どちらかのトイレで実証実験をやりたい。
「ここの方が俺は嫌かな……」
内田が言い、アヒルちゃんはここに置くことに決まった。
後程、落合チームの誰かが、この場所で実証実験をすることになる。

内田チームが戻ってくるまで、1時間半ほど待った。

入れ違いで車の外に出ると、相変わらずのものすごい暴風だった。体から一気に熱が抜けていく。体が冷え切る前に建物の中に入りたい。廃墟に早く入りたいと思ったのは、はじめてかもしれない。

内田チームと同じくスロープの先の2階から入り、探索を始める。2階を回りつつ、3階に向かう階段を探すことになった。

途中、内田チームが見つけた赤いアラビア語のような落書きの前を通る。

その途端、ブザーのような音から始まり、音が頻発し出した。人の気配を強く感じる。

そして、携帯が途切れた。

音にビビりつつも探していると、すんなりコンクリート製の無骨な階段が見つかった。電話を繋ぎ直して、階段を上ろうとする。

ザー――――ッ‼

「え⁉　何？」

携帯から、急に強いノイズが聞こえて驚く。コンクリートに囲まれているせいなのか、また電波が途切れた。諦めて、そのまま有名な椅子の山があるという、3階へ上がる。

「うううううわあああ……」

思わず声が出た。ものすごい大きさの〝椅子の山〟が立っていた。

これは怖い。

幽霊とか関係なく、インパクトがすごい。

「え……ヤバい。あ、怖い」

「絶妙なバランスで……立ってるよ」

「しかもけっこう高さあって……」

三人とも唖然として山を見上げる。高さは5メートルくらいあって、脚立のようなものがないととても作れない。いたずらにしては、手が込みすぎている。この空間は一体なんなのだろうか……。

周囲を見回す。3階は建物の屋根上に乗った帽子のような部分だ。もとはロープウェイの発着場のため、左右にはその痕跡と見られる大きな歯車なども残されていた。

「これか？　もしかして……」

長尾は壁に書かれた落書きから、一つの文字を見つけた。

「もしかしたら、これかもしれないですね。YouTubeに出せない……」

某宗教団体の名前だった。確証はないが、たしかにこの文字が〝映してはいけないもの〟かもしれない。

〝謎の儀式を行っていた怪しい団体〟というのも、ひょっとしたら、この宗教に関係があったのだろうか？　椅子のモニュメントは儀式に使われたのだろうか？

「何かを祀っていた……とか？」

長尾が言う。わからないことが増えていく。嫌な気持ちだ。

その後、1階に下りて内田チームの道をたどるように進んでいく。線香や「訪問ノート」を確認する。

「訪問ノート」は思っていたものよりもキレイだった。セキグチさん、というのが今の管理人なのだろうか。ただ、子供のような字は管理人というには少々違和感がある。

サラッと巡った後、地下に下りる。

階段で一歩一歩下りるたびに、湿度、湿気が増していって気持ち悪い。地下は外の明かりがぼんやり入る地上の階と違って、真っ暗だった。

階下の小部屋には小さい風呂桶があった。あまり来訪者に気づかれていないのか、落書きのたぐいは一切なかった。

「ちょっと嫌ですね、ここ。マジで人の気配しかしない。入りたくないな」

長尾が真顔で嫌がる。

長尾が入りたくないという部屋はどうやら酒の保管室のようだった。床には梅酒か何かの瓶が並んでいる。

「梅酒だと思いたいですけどね……」

梅酒じゃなかったら、何を漬けたのよ？

長尾に言いかけたそのとき、上から声が聞こえてきた。耳をすませていると、何かを引きずるような音と音楽も聞こえてくる。

地上の階で異音が聞こえてきたのは風のせいにできるが、こんなコンクリートで囲まれた空間に音が聞こえてくるのはおかしいじゃないか？

「風の音とかじゃない……。常になんか壁1枚2枚向こうで、ずっと人がしゃべってるような声も聞こえますしね」

長尾はずいぶんと気持ち悪いことを言うが、実は俺もそんな気がしていた。

俺たちは地下の探索を終えて、地上に戻った。

「え？　これどういう意味なんだろう」というような、不可解な落書きやモニュメントが多かったし、常に人の気配がするようなミステリアスな場所だった。

そして感じる気配は、左右ではなく、上下からだった、と全員が言った。特に地下にいるときには、上から人が来ているとしか思えないような強い気配を感じた。

全員で集合し、まずは内田チームが実証実験を行う場所に向かう。もちろん、実証実験をするのは内田だ。

俺のチームが実証実験に選んだ場所は、ズバリ椅子のモニュメントの前だった。

椅子のモニュメントの気持ち悪さもあるが、例の宗教団体の赤い落書きもある。あそこで得体のしれない集団が儀式を行っていたのかもしれない。そして、ところどころにある線香が、3階だけには一切なかったのも、逆に怖さを感じる。

「ここの何が違うって、肝試しじゃない人が来てるんじゃないかっていうことだよね」

皆口が言う。内田は不安気な顔でセッティングをする。

「もしね、万が一、非現実的なことが起こって、危ないなと思ったら叫びます。そのときは、絶対に助けに来てくれますよね？」

「…………」

「…………」

「なんで誰も何も言わないの？」

内田がため息をつきながら言う。

「じゃあ、僕はこれから30分ですね？」

「あ、違いますね。下の人が準備できたら30分カウント始めるんで」

皆口の言葉に反論しようとする内田の断末魔を聞き流した後に下の階に下りる。

どうせこっちのチームの実証実験は俺になるんだろうな、と覚悟はしていたが、実際に指名されると凹む。噂の1階のトイレに向かう。

「え、ここ？　え、何これ？　トイレだよね？」

赤く塗り潰された扉はとてもトイレには見えない。

「ちなみに向かいが女子トイレなんですけど、ここにも実は気持ち悪いものがあって」

先に女子トイレに連れていかれて、大量のマッチと何かを活けるような瓶を見せられる。

女子トイレの扉はかつては封鎖されていたのだろう、ドアノブには針金が巻き付いていた。


女子トイレに設置された人感センサーを見て、長尾が怪訝な顔をする。

「人感センサー置いてあるじゃないですか。なんでここに置いてあるんですか？　3階にはなかったですよ？」

実証実験前に長尾が嫌なことを言い出した。

そして、異常な物音が聞こえる。風のせいだと思いたいが、それにしても激しい。施設内にもう1グループいるかのようだ。

皆口に促され、男子トイレの扉を開く。

「うわ、うわ、うわ、なんだよ？　赤っ」

「あ、人感センサーありましたね」

男子トイレは女子トイレよりさらにエグかった。男子トイレにもやはり、人感センサーがあるのを長尾が見つけた。

皆口から奥の個室に線香があることも教えられ、俺は最悪な気持ちになる。


唐突に、皆口が訪問ノートの話を始めた。

「あれ、名前〝セキグチ〟って書いてあったんですよ。ここの管理人の名前〝セキグチ〟じゃないんですよ」

セキグチは勝手にこの廃墟の管理をしていたのだろうか。

皆口が続ける。

「もしここで怪しいことをやってた人がセキグチさんだとしたら、もうセキグチさんいないと思うんですよ。だって、めっちゃ気配するけど誰も会ってないでしょ？　今日」

「そうなんですよ……」

「待て‼　待って‼　これ以上は聞きたくない」

俺は皆口の説に乗って話そうとする長尾を止めた。


セッティングを終え、ハンディカムの録画が開始される。

「意味がないのよ、実証実験に……」

俺が訴えると、

「落合さん、そうなんです。意味がないんです。だから、ここでヤバいことやってたセキグチさん、見えないだけでいるんじゃないかって……ちょっと思ってるんですよね」

皆口がまた変なことを言い出した。

「だから、『セキグチさん、いらっしゃいますか？』って奥の線香が置いてある扉に向かって5回聞いてほしいんです。姿は捉えられないけれども、いるとしたら何か返事あるかもしれない」

「無理！」

「たぶんなんですけど……巡回してるんですよ」

皆口の言葉を、長尾が嫌な具合に補完する。

「人感センサーあるところに、だいたい全部線香あるんですよ。これ、回らなきゃいけないところなんですよ、きっと。そこの奥にも線香あるじゃないですか。だから、しばらくしたらたぶん回ってきます。俺らが時計回りで回ってるとき、後ろ側から追いかけて巡回してたのかもしれないですけど。ここで立ち止まってて、留まっていたら、たぶん会うんじゃないかなって……思います」

二人は、言いたいことを言って、立ち去っていった。

「いや、もうマジで嫌だ……」

俺はつぶやいた。

それ以外の感想はない。

内田

内田も実証実験を始めていた。空間が広いせいか、まだ心に余裕があった。

「気になるのが、あそこの金色と銀色の椅子……」

椅子のモニュメントの頂上のあたりに置かれている椅子を撮影しながら話す。

「他にも、こっちにも椅子が三つ並んで置かれているんですよね……。で、向こう側にも長椅子がある。あっちに下の人が座って、こっちに格上の人が座るみたいな。で、ここに一番最高位の人が座る。本当にここで宗教的な集まりみたいなのをやってたのかもしれないですね」

そのとき、ゴウゴウと大きい物音がした。

「音がもう……怖……」

懐中電灯であたりを見回していると、椅子の下にそっと置かれた線香を見つけた。

内田は、一気に心細くなり帰りたくなった。

皆口たちが立ち去って、30分の実証実験が始まった。トイレに一人残される。風の音が怖い。ずっとガタガタと音が聞こえる。油断すると精神を持っていかれそうだ。

「なんでこんな赤いのよ、まず。本当に……」

壁にペンキをぶちまけたかのように赤い。そして、便器は破壊されて落ちている。

「セキグチさん、いらっしゃいますか？」なんて言えない。言いたくない。

さすがに幽霊が歩いているとは思っていないが、万が一、俺の言葉に反応があったら、ショック死してしまうだろう。

山本&皆口&長尾

山本たちは自動車に戻った。

「……え？　え、何の音です？」

いつも冷静な山本がひどく戸惑っていた。突然、どこかから音楽が流れたというのだ。

結局、何が鳴ったのかわからなかった。何かの機器が鳴ったのかもしれないが、三人とも昼間にもどこかから音楽が聞こえたことを思い出していた。

人心地ついた後に、長尾が推測を始めた。

「〝何か〟があって片付けた。片付けた後にそこを回らなきゃいけないから、見回りしなくちゃいけないところに人感センサーを置いといてわかりやすくしてある……管理人が」

管理人のセキグチとは誰なのか？

ひょっとして今も施設の中にいるのか？


10分ほど経った。

あの言葉を言いたくとも喉から言葉が出てこない。だけど、言わないことには帰れない。

「もう言うよ、じゃあ本当に俺。言った瞬間に帰るからね、本当に……あー」

何かあったらすぐ逃げようと、トイレの入口の方に移動する。

覚悟を決めて言葉を発した。


「セキグチさん、いらっしゃいますか？

セキグチさん、いらっしゃいますか？

セキグチさん、いらっしゃいますか？

セキグチさん、いらっしゃいますか？

セキグチさん、いらっしゃいますか？」


3回目のときに風が止んだ。

それまで鳴り続けていた音が、ふっと消えた。

「……ハい……」

「え?」

何か聞こえた気がした。

「ちょっと待ってちょっと待って……」

再び、上から大きい物音と音楽が聞こえてきて、廊下を覗く。

キュイ……バタン!!

背後のトイレから、音がした。

振り返ると閉まっているはずの扉が動くのが見えた。

「おお、おー!! ちょっと待った!! ちょっと待った!! 出る出る出る出る!!」

俺は半狂乱でトイレから飛び出した。

叫び声は、内田の耳にも届いた。

「落合さん? 落合さん大丈夫ですか?」

「出る出る出る出る!!　ちょっと!!」

俺の声を聞いて慌てて下りてきた内田にも驚いて叫ぶ。

「うおッ!!　びっくりした!!　何だよ!!　何だよ!!　何だよ!!」

「どうしたんですか!?」

「誰？　何？　ちょっと出よう出よう出よう」

もう大パニックだ。

俺たちは大慌てで外に出て、車まで全力で走った。


みんなと合流し、俺は心底ほっとした。そして、今あったことを話した。

「あの、線香あった方ですか？」

「そう……」

扉が動いたのは左の個室だった。


全員で車に乗ると、反省会が開かれた。

この施設に漂っていたのは、お化けではないモノの恐怖だった。

ずっと人の気配が漂っていた。

施設内には、人が普通にいる。

そして儀式が今でも行われている。

セキグチさんがまだいるのではないか……。

そんな恐怖だ。

皆口がおもむろに口を開く。


「訪問ノートだっけ、あれ、めっちゃキレイなの。こんな吹きさらしで風もブワーッて吹いて汚くなっちゃってる、あの廃墟に置いてあって、あんなにキレイなんですよ。で……セキグチさんの最初の『元の姿に戻していこうと思います』。それで終わってるの。あのノート……出るときにしか出てなかったら怖いなって思う……」

「なるほど、セキグチさんがいるときに、あのノートがある……」


長尾が同調する。

訪問ノート自体が心霊現象ってことか？

普段だったら、一蹴する話だが、トイレで「キュイ」という扉の開く音を聞いている俺には完全には否定しきれなかった。

俺は、今も施設内を粛々と点検しているセキグチさんを想像した。

今回は俺は見事なまでにパニクったが、内田は比較的冷静だった。

「内田も成長したなあ」

と感心していたら、玄岳ドライブインの中に三脚を忘れてきたそうだ。まだまだ詰めが甘い。

結局、三脚は山本と皆口が取りにいった。

そして、内田の額にはタイヤ痕のようなGoProの跡がくっきりとついていて、ちょっと心が和んだ。

撮影時間は4~5時間とかなりの長丁場になった。後半戦は疲れてしまって、もうほとんど何も考えられなくなっていた。

そのまま疲労困憊でホテルに帰り、泥のように眠った。

記憶を頼りに描いたMAP

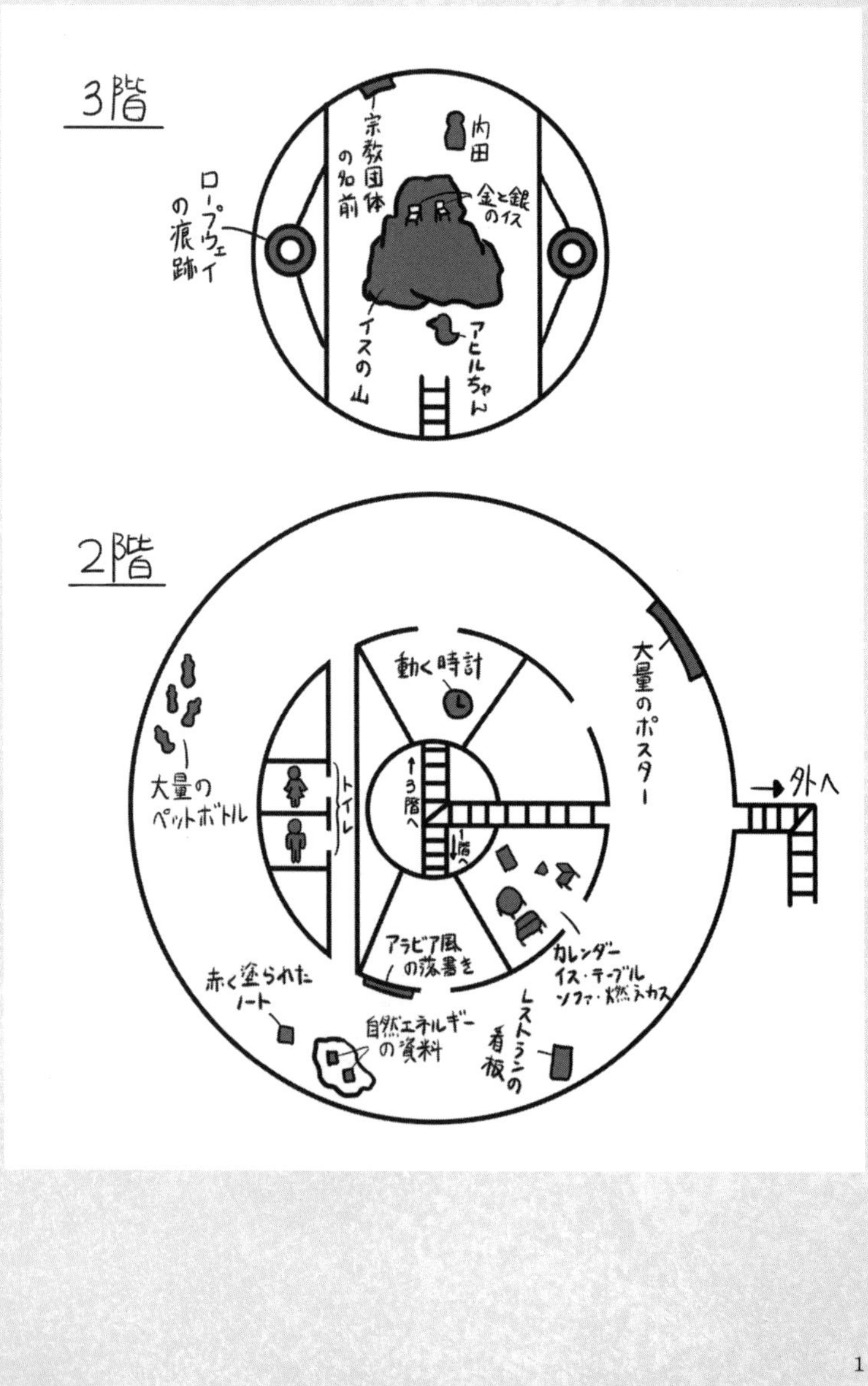

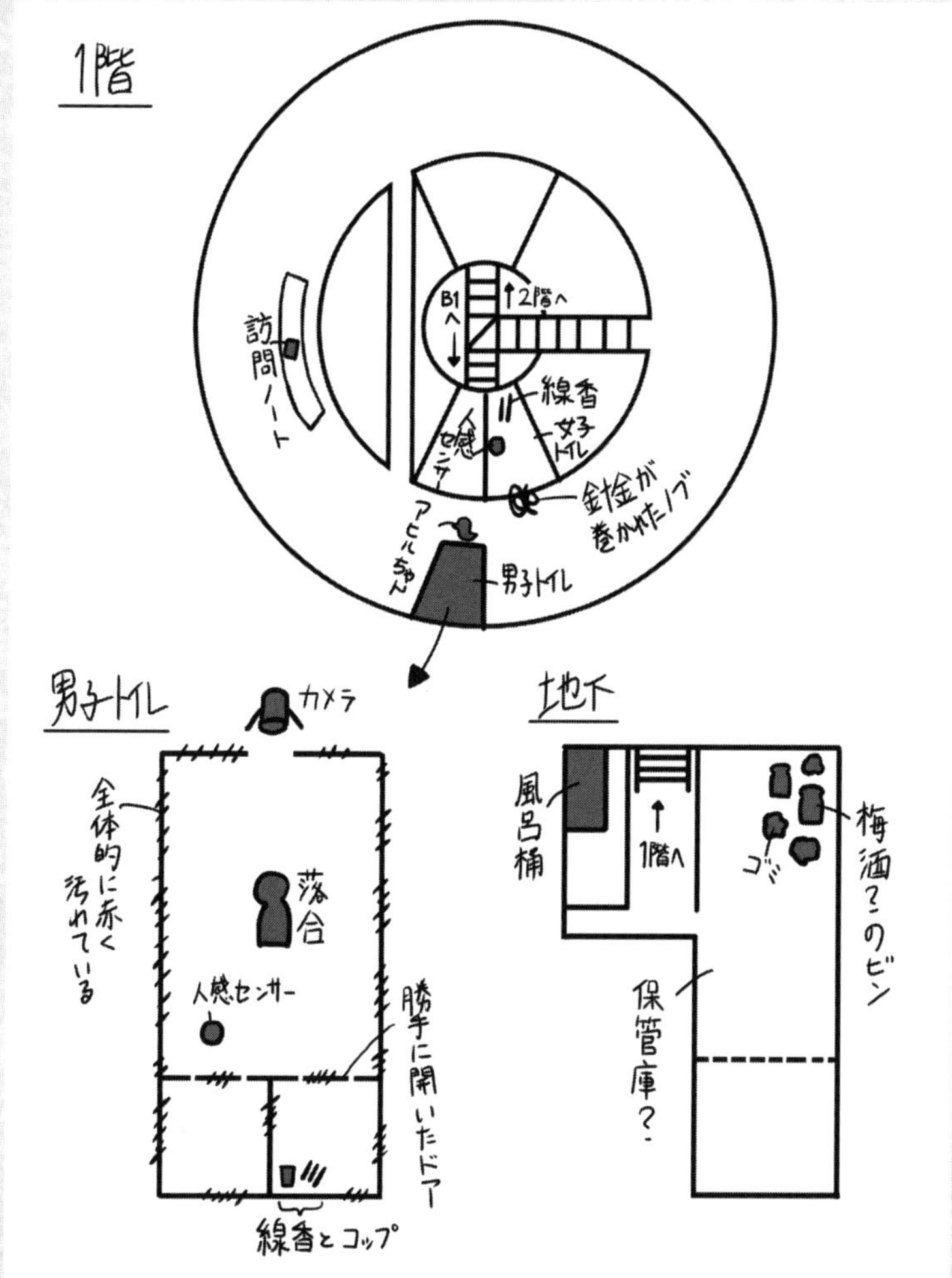

※実際のものとは違う可能性があります。

OFF SHOT

寒くて怖くて震えた。

まーくんのおでこが唯一の癒やしでした。

4章

レキオリゾートホテル

「れきおりぞーとほてる」

沖縄の巨大廃ホテルで噂の真相に迫る！
たどり着いた部屋で
見つけてしまったモノとは？

神聖な場所や心霊スポットが多数存在する沖縄。中でもレキオリゾートホテルは屈指の巨大廃ホテルだ。開業時期は不明、１９９０年代後半に閉業したと言われる。
ここでは霊の目撃談が多く、特に5階の55号室がヤバいと恐れられている。２０１７年1月には「腐乱死体を発見した」という目撃情報も話題になった。その他、「何者かが飛び降りるところを見た」という目撃談や、プールに少女の霊が出るという話もあり、謎が多いスポットとなっている。

知名度	B （地元では有名な肝試しスポット）
恐怖度	A （雰囲気がヤバい。呪われそう）
ゾゾゾポイント	4.5

というわけで、沖縄だ‼

修学旅行以来の沖縄に、自然とテンションは上がる。まだ春だったが、一日中半袖で過ごせるくらい暖かかった。

今回の参加メンバーは、山本、皆口、長尾。内田は腹痛で休みである。わざわざこんなスペシャルな回に病気になってしまう内田は、かわいそうだけど逆に持っている。

那覇空港に到着するとバタバタとホテルにチェックインして、その日はサブチャンネルの撮影で「大山貝塚」を訪れた。翌日は俺の個人チャンネルである『落合陽平の10万ボルトTV』の撮影を経て、ゾゾゾの撮影を開始。冒頭シーンを撮るときはまだ明るい時間で、沖縄‼　という感じだったのだが、現地に移動した頃には日はとっぷりと暮れていた。

「暗っ……」

やっぱりゾゾゾの撮影は夜なのだ。いくら沖縄でも夜になったらテンションは下がる。

まずは「末吉公園」にやってきた。

閑静な公園だが、沖縄屈指の心霊スポットと言われている。スペシャルゲストとして紹介された長尾は沖縄初上陸ということで、ちょっとウキウキしているのが伝わってくる。

内田の代わりに山本がスポットの紹介をする。

「末吉公園は多くの祠が敷地内に点在しており、国の史跡である末吉宮を持ちます。日中の自然に囲まれたのどかな雰囲気は夜には一変し、地元の人は怖がり、あまり公園に近づくことはしないと言います。怪奇現象や怖い噂も多く囁かれており、沖縄屈指の心霊スポットとして有名な一面を持つ公園です」

「霊感がない人でも霊が視える」

「公園内の木に御札らしきものが貼ってある」

「下半身のない幽霊が追いかけてくる」

……などの噂もあるそうだ。

特にヤバいと言われている、トンネル、潜り道のような場所があるらしく、全員でぞろぞろと向かう。

「ここから下りるようです」

階段にたどり着き、下を覗き込むとすごい光景が広がっていた。地面に溝が走っているのだが、街灯がなく、下が見えないほど深い。階段は急でぬかるんでおり、ヌルヌル滑る。コケたら大怪我だ。霊うんぬん関係なく怖い。

「いや、公園っていうか……密林だよ」

愚痴りながらしばらく歩くと、目的地である末吉宮磴道《すえよしぐうとうどう》が見えてきた。石でできたトンネルだ。

トンネルの上に末吉宮が見える。深夜に見ると不気味だ。

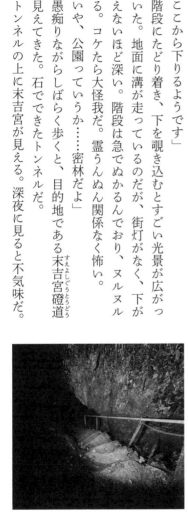

皆口に言われて、一人で末吉宮磴道を潜ることになった。

「〝宮の下〟潜るっていうのは、あんまりいい気持ちはしないような気はしますね……」

長尾がボソボソ声で言う。今から潜る人に向かってそんなこと言わないでくれよ。

「失礼します……失礼します……」

繰り返し言って潜る。岩で囲まれていて日中も日が当たらないからか、空気が冷たい。冷気の中、おそるおそる進んで10メートルほどのトンネルを通過した。無事、外に出られた。

「出ました。出ました」

「ゆ、幽霊がですか？」

皆口が聞いてくる。幽霊が出たなら、もうちょっと声を張り上げる。


宮は近年に復元修理をしたらしいが、トンネル自体は500年以上前に作られたものらしい。歴史の重みを感じる。しかしとんでもなく広い公園だ。敷地面積は、東京ドーム約4個分らしい。俺が知っている公園とは、規模が違った。

神社の前で話していると、パチ‼　カン‼　と物音が聞こえ、「あぁーぁ」と声が聞こえる。

心霊写真が撮れるかも、と皆口が言うのでトンネルの前に立つと風に急に吹かれ、

「ウーう……ウー」

と女性の声が聞こえてきた。

長尾に写真を撮ってもらっている間にも声が聞こえる。写真をチェックしている間も、

パチ！　パチ！　パチ！　パチ！

と音が連続して聞こえてくる。ただ、写真自体には特に霊的なものは写っていなかった。普通だったら、もうちょっとビビって検証してもいいところだが、音や声くらいでは止まらない。末吉宮にお礼を言って、次のスポットに向かう。

「沖縄県藪地島《やぶちじま》に来ております。ここ一応……無人島ということで。この先に『ジャネー洞』という神聖な洞窟がございまして……」

ジャネー洞は、古代人が住んでいた痕跡も多く残る、信仰対象として扱われてきた神聖なガマ（洞窟）だという。信仰の対象になっているパワースポットだ。そして、奥には地元の人が昔からお祈りをする〝高台《こうだい》〟があるらしい。

「今回我々ジャネー洞の中に入って、ゾゾゾの日本全国心霊スポットの旅が無事成功しますように、というお祈りをしていきたいなと」

皆口は取材前にジャネー洞にまつわる怖い話をコーディネーターさんから聞いたそうだ。

「このジャネー洞には……よくわからないおじさんが年中いるそうです。危害を加えることはないそうなんですけれども、つかまると話が長いそうです。どう見ても車検が通ってなさそうな車の中で、上半身裸でパンを食べているところをよく目撃されているそうです」

変なおじさんは、リアル社会で出会う中ではかなり怖い部類だが……。ホラー番組で求められている怖さでは全然ないだろう。

「コーディネーターさんから、この格好NGをくらいまして」

今回は沖縄ということで、コーディネーターさんに同行してもらっている。ラフな格好だから、失礼でダメなのかと思ったがそうではないようだ。

「ハブが出るそうです」

洞窟探検と言えば落合さんと山本さんじゃないですか、と言われ、山本と二人で用意された長袖、長ズボンと白いゴム長靴を装着する。さらに虫除けスプレーと、棒を渡される。ハブがいたら、ヒョイと引っ掛けてどけるための棒だ。……できねえよ、そんなこと!!

もし噛まれたら、血清を打つのは30分以内がデッドラインだそうだ。ここから病院まで自動車で30分くらいかかるので、ギリギリアウトだ。

「野生の猫を去勢して野に放っている謎の団体がいる」

「野犬が出る」

などの追加情報が入ってくるが、これまたホラー番組の怖さではない。もはや心霊ホラーではなく、アニマルパニックホラーだ。

めちゃくちゃ真っ暗闇の中を歩く。野生の怖さをヒシヒシと感じる。末吉公園をはるかにしのぐジャングル感。ライトを消したら2メートル先も見えない。島内は舗装もされていない。自動車が通った場所が踏まれて道っぽくなっているだけだ。

コーディネーターさんに言われた通り進んでいくと、ジャネー洞に到達した。鍾乳洞のような風景。すごい迫力だ。

「失礼します。お邪魔します」

入口すぐにあった高台に、頭を下げてからガマに入る。

変なおじさんがいないか確認する。こんな状況でおじさんが急に出てきたら、卒倒してしまう。

「マジかよ……ここの空間めちゃくちゃでかくない？」

そのとき、白い何かが横切った気がした。

動物か？　ハブか？　変なおじさんか？

山本も何か感じているようだ。進みたくないが、ここで戻ることもできない。

20分ほど奥に進み、徐々に下っていく。奥に進むほど、道幅が狭くなっていく……。そろそろ潮どきではないかと思い、山本に相談する。

「行けるところまで行きましょう‼」

味方じゃないのか⁉　皆口サイドの人間か⁉　と思うが、仕方がないので進む。

いつまで経っても奥にたどり着かない。もう二人で並んでは進めないところで諦めた。

「ゾゾゾ、日本全国心霊スポットの旅。うまくいきますようにお願いいたします」

入口に戻って高台で願をかけ、そそくさと帰る。

最奥部まで行かなかったことを告げると皆口は不満顔になった。でも、皆口の最初の説明よりもずっと広くて、でかくて、長かったのだから、無理だ。

結局、ハブもおじさんも野犬もいなかったが、野良猫だけはめちゃくちゃいた。

ジャネー洞は個人的にめちゃくちゃ怖かった。ゾゾゾポイントをつけていると、

パキッ！　パキッ！　パキッ！

と末吉宮のときと同じような音が聞こえてきた。音に追いやられるように最後のスポットに移動した。


島を出て海沿いの道を走る。山道に入って駐車し、徒歩で坂を上っていく。

「こちらの奥にですね、一部では沖縄で一番ヤバいと言われている廃ホテルがございます」

今回はまだ廃墟がなかったから、そろそろかなと思っていたが、やっぱり来たか。

舗装された道路を進んでいくと、看板があったが、植物に侵されていてよく見えない。

「レキ……なんとかリゾート」

しばらく進んでいくと、遠くにぼんやりと建物の影が見えてきた。大きい……。

「こちらが『レキオリゾートホテル』への入口になっております」

入口はブロック塀で封鎖され、スプレーでビッチリと落書きがしてあった。この落書きを描いたようなヤバい人がたびたびここに来ているわけだ。バッティングしたら最悪だ。

「何がすごいって地面にも……」と皆口が地面の落書きにカメラを振るとそれに呼応するように、パキッ！　パキッ！　と音が聞こえてきた。今日は音がすごい。

「管理者の方に許可いただいておりまして、我々が今日撮影するということを近隣住民の方、警察署、消防署にまで通達済みでございます」

入口が封鎖されているのにどうするのかと思ったら、皆口は事前に許可を取り、迂回ルートを聞いていたようだ。おそるおそる敷地内に入っていく。先程のブロック塀を見ると、反対側にも落書きが描いてある。闇に浮かび上がる廃墟の壁に

「LEQUIO RESORT OKINAWA」

という文字が浮かび上がる。

「レキオリゾートホテルは沖縄県にある巨大廃ホテル。5階建てのプールも備える豪華リゾートホテルで1990年代後半に閉業したと言われています。廃墟内には多くの霊が彷徨っているそうで、体調を崩したり、取り憑かれる者も出たと言います。

中でも5階で心霊現象が多発すると有名で、特に55号室がヤバい部屋として恐れられています。この廃ホテルでは飛び降り自殺があったとの噂もあり『何者かが飛び降りるところを見た』という目撃談も多いそうです。さらにホテルのプールがあった場所でも霊が出ると言われています。

2017年1月にこの廃ホテルを巡り『腐乱死体を発見した』という目撃情報が話題になりました。後にその書き込みはデマであったと言いますが、飛び降り自殺をした幽霊を見たのでは、とも言われています」

山本が説明を終える。情報が多いが、ややボヤッとしている。結局何があったんだ？

この先は、二手に分かれて先に進むことになった。俺と皆口のチームはホテルの敷地と1階、山本と長尾のチームは2階から探索する。

探索をスタートしようとしていると、

「あぅあー……」

「あーぅ……」

と何者かの声が聞こえてきた。

ひとまず全員で正面入口から入る。ホテル内もやっぱり落書きがすごい。

「ちょっと質違いますよね。ちょっとした〝ヤンキーの落書き〟っていう感じじゃなくて、なんかちゃんと〝デザイン性〟があるみたいな感じのイメージはありますね」

いかにもグラフィティーが好きそうな長尾の感想に頷く。まあ落書きは落書きだから褒められたものではないが。

1階は壁がない。全部抜けている。ウロウロしていると階段を見つけた。

何かあったら電話……と思ったが、電波がなかった。

「本当にヤバいときは、じゃあちょっと大声出していただいたら向かうんで」

皆口が言い、山本と長尾のチームは2階に向かった。


「廃業したのが90年代か……そこからたぶん地元では有名になっちゃったんだろうね」

俺は、1階のロビーだったであろう場所を見渡しながら言った。

どの柱にもスプレーで落書きが描かれている。破壊されているところも多く、殺伐とした光景だ。鉄類は抜かれているので、取り壊す準備はある程度していたようだ。

皆口がこのホテルにまつわるもう一つの噂を話し始めた。

「心霊的なお話とはちょっと違うんですけど……。今回許可取りの際に伺ったんですけど、地元の方の話によると一時期ホームレスらしき人が住み着いていたらしいんですよ」

どこにでも変なおじさんはいるものだ。

「で、いつの間にかいなくなった、みたいな。このホテルって営業中は目立った事件とかはないので、もしかしたらその住み着いてたホームレスの方がお化け扱いされているとか」

廃墟になってから、お化けの噂が出たということか。

俺は、「腐乱死体見つけちゃったら嫌だな」「回るのに何時間かかるんだろう……夕飯はまたコンビニかな？」などと考えながら探索を続けた。

山本&長尾

2階もかなり荒らされているが、コンクリート製の建物なので足元はしっかりしている。

「建物の造りがわかりにくいから……ちょっと、グルッと大外回りで行きますか」

長尾の提案でベランダ側から回り始める。こちらもほとんど撤去されている。1階同様に解体の準備が進められていたようだ。

「ここから客室っぽいですね」

残されている物から、なんとか閉業前の状態を想像して、長尾が話しながら進む。

足元に陶器のかけらを発見した。

「トイレかな？　トイレだったような場所と、風呂場あった……」

どの部屋も似たような造りだ。風呂桶は狭く、形や色から古くに作られたのがわかる。

「うわ、気持ち悪……」

「え？」

長尾が示す方を山本も見る。壁一面に、大量のニコちゃんマークが描かれていた。

そして、柵のない窓から見下ろすとプールがあるのが見えた。夜中のプールからはとても不吉な雰囲気が漂ってきていた。

俺がライトを照らすとどの壁にも柱にも床にも、なんなら天井にかけてまで落書きが描かれていた。とにかく、何かしらが描かれている。

「これちょっと……異常だよね？」

コンクリート以外ほとんど物は残っていないが、燃えた木片が落ちているのを見つけた。

「ホームレスの人が住んでたって言うけど、住めるかね？」

落書きを描いた人たちが訪れているわけだから、怖くておちおち寝ていられないだろう。日用品や食料品のゴミもほとんど落ちていない。人が生活した痕跡がないのだ。

「落合さん、外……」

皆口が指差す方を見る。

「え、え？　プールじゃないの、あれ？」

近づいていくと、満杯の水をたたえているプールだった。プールはいわゆるリゾートホテルにある形で、あまり大きくはない。屋根がないので、雨が溜まるのだろう。夜中の水は墨汁のように真っ黒に見えてとても怖い。そして、真ん中には白い浴槽が浮いている。

「〝プールに幽霊が出る〟〝飛び降り自殺があった〟。だから上から飛び降りた人が、プールに落ちて死んだからそう

いう噂になってるのかなって思ったんですよ」

皆口が仮説をとなえる。

ただ、建物からプールの距離は10メートルは空いていた。たぶん、助走をつけて飛んでも、プールには届かずに地面に落ちる。

そもそも飛び降り自殺で助走はしない。

山本&長尾

「ちょっと待ってください。すごいなんか、甘い匂いする」

長尾が戸惑いながら言う。

廃墟でいい匂いがするのは、逆に怖い。

「え？　これは……なんだ？」

そしてライトに浮かび上がったのは、アートっぽいモニュメントだった。紙製の作品のようなものも置かれている。

「ちゃんと管理されてるはずなのに、昨日、一昨日にも人がいたぐらいの……匂いするし」

山本も困惑を隠せない。

浴室もただの落書きというよりはアートっぽく壁にスプ

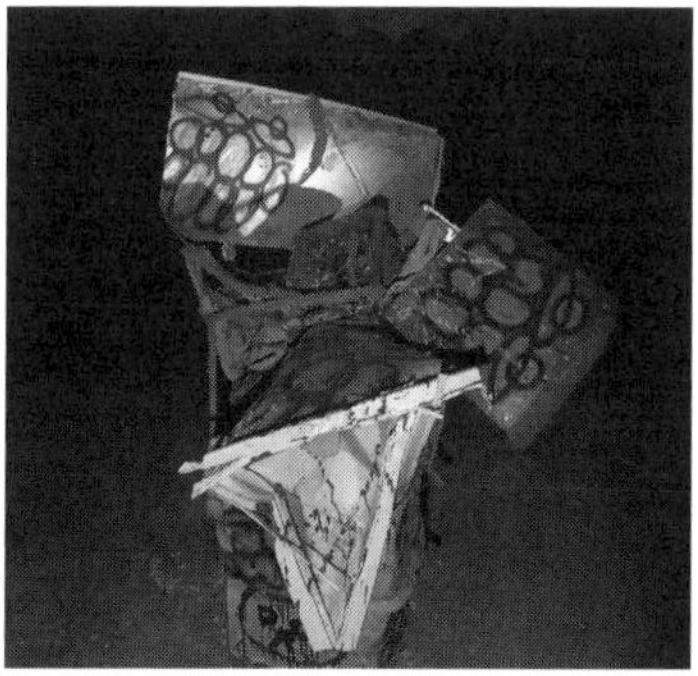

レーが撒かれている。

「落合さんたち、もう上？」

急に山本が聞く。

「いや、たぶん下じゃないですか？」

「なんか上から声聞こえるんだよね。まだ下だと思うけど……」

山本と長尾、二人ともが天井を見上げた。


その頃まだ俺たちはプールの周りにいた。

「深さ、どれくらいなのか、ちょっと見てみません？」

皆口に渡された長い木の棒をプールに突き立てた。かなり長い棒なのに、ズブズブと入る。

「あーけっこう……うわあ!!　なんかちょっとやわらかいものに当たったよ!!」

棒の先端に、ブニュという感覚があった。

皆口が俺から棒を受け取って、再びプールに突っ込む。

「本当だ。……いや、っていうかめっちゃゴツゴツしてます。いろんなものが入ってそう」

「え、なんか泡出てきたよ？　突っついたら、ほら……」

「得体の知れないものも隣に沈んでる……」

皆口の視線の先には浴槽が沈み、その横に何か白いものが沈んでいるのが見える。

「だって浴槽をわざわざ持ってきて、プールに捨てたってことでしょ？」

「しかも壊さずに、ですよ？　普通ホテルって1階に客室あんまりないじゃないですか？　じゃあ2階から……」

「……運んできたってことだよね」

わざわざ運んでくるのは、けっこうな重労働だ。


俺たちがしゃべっていると、上から声が聞こえた。

「今2階もうすぐ終わりそうなんですけど！　我々、4階に行った方がいいですか？」

長尾の声だった。

「あ、じゃあ3階をお願いします」

皆口が答えた。


プールで霊が出ると言われている。ホテル内で死体が見つかったという噂もあった。

「一応、デマだったっていうことなんですよ。それはなぜかっていうと死体は見つかってないから。でも腐乱死体ってなると、やっぱりなんかプール、ちょっと想像しちゃいません？」

プールの奥底に眠る腐った死体を想像した。もちろん沖縄の暖かい気候だから、すぐにグズグズに腐って溶けてしまうだろうが。

ただ、死体発見騒動があるずっと前から、プールで霊が出るという噂はあったという。

その後二人で1階を再度調べる。リゾートホテルというだけあって1階だけでもかなり広い。部屋がたくさんあるが、とにかくどの壁も落書きだらけだ。

「これ……1回白く塗り潰してますね。落書きを……」

「落書きした上に白く塗って、その上からさらに落書きしてるんだ……」

そして落書きの下には、レキオリゾートホテルの当時のチラシの破片が落ちていた。

山本&長尾

1階、2階は鉄類はなかったが、3階には扉があった。そして、扉の上に数字が書かれているのを見つけた。

「35……あー、今気づいた。36、37……」

部屋番号を書いた避難プレートも残されており、それで部屋を特定した先人がメモを残したようだ。

3階を回っていると、ぶち抜かれた窓に柵がないのが怖い。飛び降りようと思えば、なんの障害もなく落ちてしまう。

「飛び降り自殺の噂……。でも、これは飛び降りたくなるというか、事故とか起きかねないし、考えたくはないですけど、事故じゃないものもあるのかもしれないですよね」

長尾は不穏なことを山本に向けてつぶやいた。


1階をあらかた見終わった。

山本と長尾が探索している3階を飛び越えて、4階に進もうと階段を探す。

エレベーターを見つけた。当たり前だがすでにボロボロに破壊されて利用できない。中を覗くと折りたたみ椅子のようなものが落ちていた。

「こういうの見ると、ホームレスって本当にいたのかなっていう感じしません？」

そのとき、上からキュロキュロキュロキュロと声が聞こえてきた。まるで早送りのラジカセのような、ものすごい早口でしゃべっているような声だった。なんだか嫌な声だ。

「長尾さーん？」

皆口が声をかける。返事はない。

「え……ちょっとマジかよ？」

ここで誰かが飛び降りて……とかなのか？

「飛び降り自殺があったっていうのは、本当に有名な噂なんですけど……。どこっていうのは全然調べても出てこなくてですね。そっか、エレベーターの可能性もありますけど……」


階段を上って4階を目指す。途中で通った2階も尋常じゃないくらい荒らされている。

長尾の声が聞こえてきて、いったん3階で合流した。

長尾に部屋番号がわかったと言われる。

「じゃあ55号室も5階に行けばわかるかもしれない？」

「そうですね」

皆口の質問に、長尾が答える。目的の一つにはたどり着けそうだ。

ここは荒らされすぎて人が住めないんじゃないか？　というのが俺と皆口の意見だった。

それを聞いて長尾が言う。

「3階になってからは多少扉が残ってたりとかしてたんで、もう一つ二つ上行ったらここまで荒らされてないところもあるんじゃないかな……って思うんですよね」


そして四人一緒に4階へ上がる。荒らされ方は全く変わらない。また左右の二手に分かれて確認していくことになった。

4階も窓には柵がない。ライトが光っていたら、近隣からは丸見えだろう。警察に住民の人から通報が入っても全然おかしくないし、幽霊と見間違える人もいるかもしれない。

「一時期ホームレスみたいな人が住み着いていたっていうのが、ここの飛び降り自殺、幽霊の噂に繋がっているんじゃないか、と。

ただ、そのホームレスの人がいつの間にかいなくなったっていうのを、実は地元の人もちょっと不思議がってて。管理者の人が追い出したとかならわかるじゃないですか？」

皆口が問いかけてくる。

ホームレスはいつの間にかいなくなっていた。ということは……。

「飛び降りたのはホームレス？」

「大げさなことを言っちゃうと、そういう言い方もできるし……。それでいうと、2017年にあった死体発見騒動。死体をホームレスの人が見つけたんじゃないかって」


ぐるっと回り、長尾たちと合流する。何かあったか聞くと、長尾が答えた。

「天井裏でガタガタっていうのが……ネズミかなって思うような」

周りは沖縄の自然なのだから、動物が住処にしていても全くおかしくない。

そして中央付近の部屋に45と書いてあるのを見つけた。長尾いわく、下から見てきた感じだと、この位置の部屋はグレードが高いようだ。

ここが45号室なら、この真上に行けば、55号室にたどり着く可能性が高い。

45号室の正面にはエレベーターがあった。そういえば、先程エレベーターの上から聞こえた声は長尾たちだったのだろうか？

「めちゃくちゃ早口で誰かがしゃべってる声聞こえたよ?」

「この二人で早口はないかな……」

聞くと、山本にやんわり否定された。そして、長尾たちも上からの話し声を聞いたという。

「5階から聞こえてたとしたら相当ヤバいですよ」

皆口が言う。エレベーターの正面には、おそらく55号室がある。

そのタイミングで「あーゥ」と女性の声が聞こえてきた。


恐怖を振り払って、全員で5階に進んだ。

それにしても、なぜ55号室がヤバいと言われているのかいまだにわからない。ホームレスの人が住んでいたのが55号室なのだろうか。

「……ここの噂って点々としてて、なんかいまいち結びつかないんですよね」

皆口がぼやく。

5階もやはりボロボロになるまで荒らされていた。むしろ5階がもっともひどい状態だ。

扉だった場所の上にはやはり数字が振ってあるのだが……。

「57、56って……。あ、ちょっと全然違うな、部屋番号が」

長尾が戸惑う。4階までと部屋の並びが違う。階によってグレードが異なり、部屋の並びも変わっているのかもしれない。

「え?　55なくない?」

●この本をどこでお知りになりましたか?(複数回答可)

1.書店で実物を見て　　2.知人にすすめられて
3.SNSで(Twitter:　　Instagram:　　その他　　)
4.テレビで観た(番組名:　　)
5.新聞広告(　　新聞)　　6.その他(　　)

●購入された動機は何ですか?(複数回答可)

1.著者にひかれた　　2.タイトルにひかれた
3.テーマに興味をもった　　4.装丁・デザインにひかれた
5.その他(　　)

●この本で特に良かったページはありますか?

[　　]

●最近気になる人や話題はありますか?

[　　]

●この本についてのご意見・ご感想をお書きください。

[　　]

以上となります。ご協力ありがとうございました。

郵便はがき

お手数ですが
切手を
お貼りください

150-8482

東京都渋谷区恵比寿4-4-9
えびす大黑ビル
ワニブックス書籍編集部

お買い求めいただいた本のタイトル

本書をお買い上げいただきまして、誠にありがとうございます。
本アンケートにお答えいただけたら幸いです。
ご返信いただいた方の中から、
抽選で毎月5名様に図書カード(500円分)をプレゼントします。

ご住所 〒

TEL(- -)

お名前《(ふりがな)》

年齢

歳

ご職業

性別

男・女・無回答

いただいたご感想を、新聞広告などに匿名で
使用してもよろしいですか? (はい・いいえ)

※ご記入いただいた「個人情報」は、許可なく他の目的で使用することはありません。
※いただいたご感想は、一部内容を改変させていただく可能性があります。

たしかに56の隣が54になっている。ちなみに45の真上は58と書かれている。55号室を探すが見つからない。

「あ、待って〝LOOK〞って書いてある」

皆口に言われて床を見ると、LOOKと書かれ右側に矢印がふられていた。

矢印の先の部屋は53号室にあたるはずだが、番号は書かれておらず、OGと書かれている。OGとはなんだ？

長尾が何度も両端から数えなおす。

511→510→59→58→57→56→……

結局56、57、58の番号が間違っていて、55号室はコの字型のフロアの角部屋に当たる場所ではないか、ということになった。

その部屋の扉の上には「56」「52」とスプレーでメモがしてあった。先人も混乱したようだ。

おそらく55号室だと思われる部屋に入る。

スーッと、廊下を気配が通り過ぎる。

実際の部屋番号?

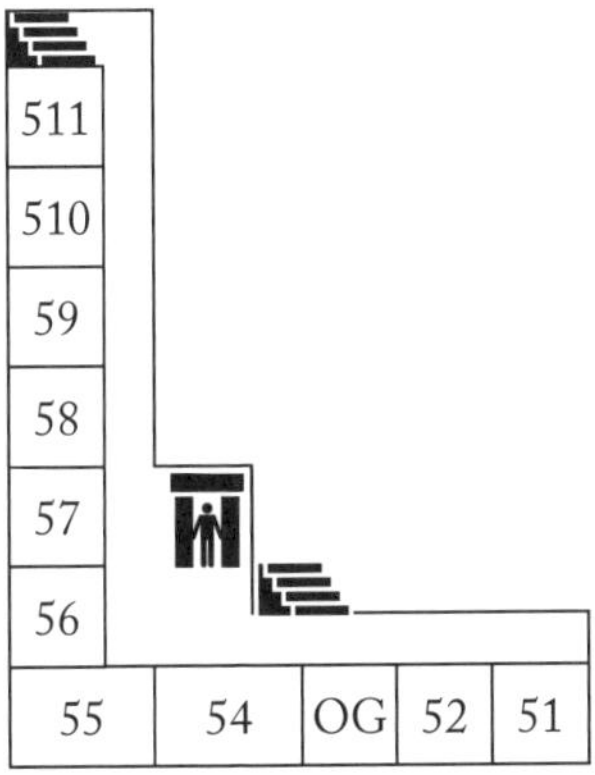

書かれていた数字

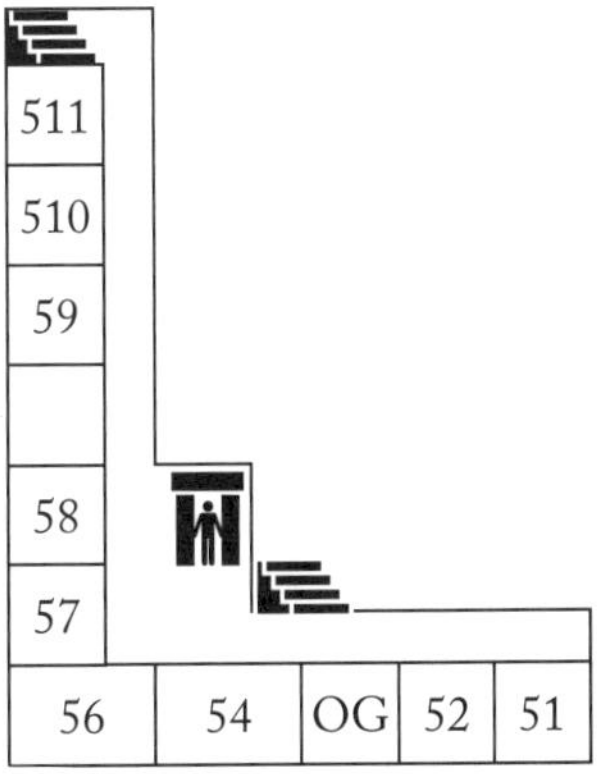

「頭痛いですね……」

長尾が少し苦しそうに言う。

部屋には小上がりがあり、高級そうな部屋だ。スイートルーム的な部屋かもしれない。だが今は窓も柵もなく、どこからでも下に落ちることができる。

「自殺じゃない場合ですよね。事件、事故とかもあったら怖いなって思いますよ……」

「それが突然消えたホームレスっていう可能性あります？　例えばここに住んでて、ヤンキーみたいな人たちが来て、『落としちゃえ』みたいな……」

長尾と皆口が不穏な推測を口にする。

ただ、いろいろ想像はできるが、そもそも建物全体がこれだけ荒らされている。ホームレスが落ち着いて住める場所があったとは思えない。

まだ俺たちが、雨風をしのげて、人が入ってこなさそうな場所を見つけていないのかもしれない……。

「そういう部屋はありました？」

「いや、ないんじゃない？」

「まあ、部屋自体はなかったですけど、じゃあ〝部屋〟じゃなくて〝空間〟だったとしたら……」

長尾の考えに呼応するように、ガタガタ!!　ガタン!!　と立て続けに音がした。

皆口が55号室と思われる部屋で実証実験をしようと提案するが、長尾は首を傾げる。

「ここでいいんですか？　ここかな？」

「そう、わからないんだよ全く。なんで5階がヤバいのかわからない……から、30分くらい滞在したら、理由がわかるんじゃないかって」

「あー」

長尾が納得した声を出す。いや、納得できないだろ？　たぶん俺が実証実験やらされるんだぞ。納得しないでくれよ。


全員で1階に下りる。山本は機材を取りに車に戻った。

長尾は、55号室がどこなのか、まだ悩んでいた。地面に石を置いて間取りを考えている。

建物を見上げる。下からも部屋は見えるがどこがどの部屋かわからない。

「よく見たらさ、外の壁にも落書きしてあるね」

どうやって描いたのか、手の届かないような場所にも書かれている。

そのとき、

「ウワー!!」

と低い男性の叫び声が聞こえてきた。

三脚を持って戻ってきた山本に、皆口が駆け寄る。

「今、すごい男の人の叫び声みたいなの聞こえました？」

「え？　聞こえない、聞こえない」

山本の耳には入っていなかったようだ。

声が聞こえてきたのは、来たときに最初に壁に「LEQUIO RESORT OKINAWA」と書かれているのを見つけた建物だった。別館のような雰囲気だが、詳細はわからない。

「うわあ、なんだこりゃ……危な……」

室内に入ると縦長の穴がたくさん空いている。

建物自体は体育館くらいの大きさで、窓はなく、壁で仕切られた部屋のようなスペースがいくつかある。ホテルの運営で使うなんらかの施設なのだろうか。

長尾が床に散らばる紙を見つけた。

「レキオリゾート開発　代表者名　代表取締役●●●殿」

と書かれたごみ処理関連の書類だ。

「ってか、ここに……」

山本がつぶやく。山本は「ホームレスがいたのはここではないのか？」と考えたのだろう。そう思えば、ここにはいろいろ落ちていた。

ゴザ、枕、カップ焼きそばの箱、ボディソープなど、本館にはほとんどなかった人工物や生活用品が落ちている。

建物は奥に続いていた。床に空いた穴に落ちないように気をつけながら進む。

3メートルはありそうな深い穴が、バリケードもなく空いていて、場所によっては水が溜まっている。落ちたら怪我ではすまないかもしれない。

「怖い……」

思わずつぶやいてしまう。

「腐乱死体の話あったじゃないですか。ことかだったら、おかしくないかなって思いますね。めちゃめちゃここ水深いじゃないですか」

長尾が水の底を覗き込む。その穴の水には靴がプカプカと浮かんでいた。

だいたい普通の人は、本館の廃ホテルに行くだろう。めったに人が来ない、別館だったら住める可能性が高い。雨風もしのげる。だけど、ある日ヤンキーに見つかって、水の溜まった穴に落とされる。そして誰にも気づかれない……。

というのが長尾が考えたストーリーだ。皆口が言う。

「たしかに本館の5階から突き落とすっていうのはちょっとリアリティないけど、ふざけてここの穴に落とすのはありそうで嫌だよね」

天井を見ると丸い穴が空いていて、はしごで登れるようになっていた。

「上行ってみましょうか？」

皆口に当たり前のように言われた。穴は真下にも続いているので、足を滑らせたら地下まで落ちてしまう。嫌だなあと思いながらはしごの下に立つ。見上げると2階まではなく、かなり上の方まではしごが続いているのに気づく。どえらい冒険になってきた。

2階を覗くと真っ暗だった。普通に怖い。俺に続いて三人も登ってきた。

大量の飲み物のペットボトル、テントなどが床に散乱している。

「これはちょっと……そうだね。人がここにいたのは間違いないいね」

さらに上の階から物音が聞こえてきた……。

上の階にはもっと人の痕跡があるのではないか、と言う長尾を皆口が止める。

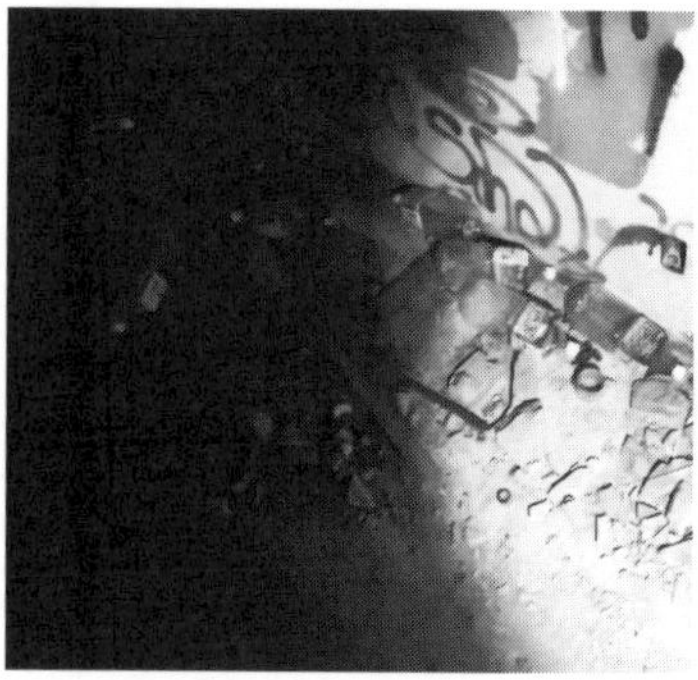

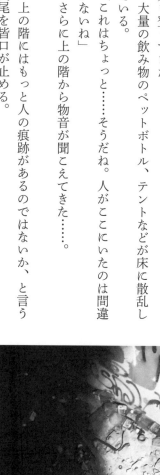

「ちょっと待って。これ足滑らせたら1階どころか地下のところまで行っちゃうので……」

皆口が一人で3階を確認するために登ると言う。

照明をいったん俺に渡し、ゆっくりはしごを登り始めた。


皆口は真っ暗闇の空間を見回した。

「あれ人……？　なんか白いものが……。照明ってもらえます？」

長尾が途中まで登り、皆口に照明を渡す。

「臭い……なんか臭いぞ……ちょっと待って、落書きないかもしれない」

そのまま長尾はもう一つの照明で3階を照らす。

「これ、カメラが固定できない……タバコがある……」

皆口が3階に上がった。

「臭いぞ……ちょっと待って……ジャンパー落ちてる……あー、ダメだ……ヤバいかもしれない……ちょっと気持ち悪い……マジで」

皆口がめずらしく焦っている。

3階の上は外に繋がっているようだ。

「その人の生活してるものはいまいち見つからなかったっていうのはあるけど、痕跡はあるよね……なんかバラバラだった噂のピースが、ちょっとハマった感じしない？」

「『あ、ここか』みたいなっていうのは……ありますね」

長尾と話して、しばらくして皆口は下りてきた。

「出よう……」

外に出て、皆口は少し落ち着いたようだった。機材を片付け始めたので話しかける。

「5階の実証実験はいいの？」

「あ、いいです。大丈夫です」

さらっと流された。皆口なりに納得したようだ。まあ、やらなくていいなら俺だってやらない方がいい。

外でエンディングトークを撮る。

俺にとってはこの廃墟は物理的にもかなり怖かった。落書きの数が多く、本館の窓に柵はないし、別館も穴が多く、うっかり足を滑らせて落ちる危険性も高い。

ただ、結局5階がヤバい理由もわからず、55号室もはっきりしない。ホームレスはいつの間にか消え、腐乱死体の噂もデマだったと言われている。どうにもスッキリしない。

「その噂とかって全部ホームレスの人が流した……っていう可能性ないですか？」

山本が皆口に聞く。

「ここに来させないように？」

自分の居場所に人を寄せ付けないために、嘘の噂を流した。しかし野次馬たちは来てしまった。この場所が有名になりすぎていられなくなったのか、トラブルに巻き込まれたのか、それとも、事故で穴に落ちてしまったのか。

とにかく彼はいなくなってしまった。

本当の理由はわからない。


明日から本格的に沖縄を楽しむぞ!! と思っていたが、明日は早朝便で東京に帰るのだと言う。いや、もうちょっと人生を楽しもうよ!!

自動車に戻る途中に、ゴミが捨ててあるポイントを通った。行きにも通って不法投棄かと思っていたが、そのわりには生活感がある。布団、机、炊飯器、割れた鏡台……。

これらは、ひょっとしてホームレスが使った物だろうか?

ただもう今日は疲れの限界で記憶が飛びかけていた。早くベッドに入って眠りたかった。深夜までやっているステーキ屋に寄って、ホテルに戻った。


そして後日、動画が公開された。最後に皆口が別館の3階で撮った映像が流れる。

そこには、地面に横たわる人のような白い影が映っていた。

苦しそうに顔を下に向けているように見える。

それは、ホームレスの霊なのか……。はたまた、まるで関係ない何かの影なのか。

ただ、レキオリゾートホテルには今も何かが棲んでいる気がする。

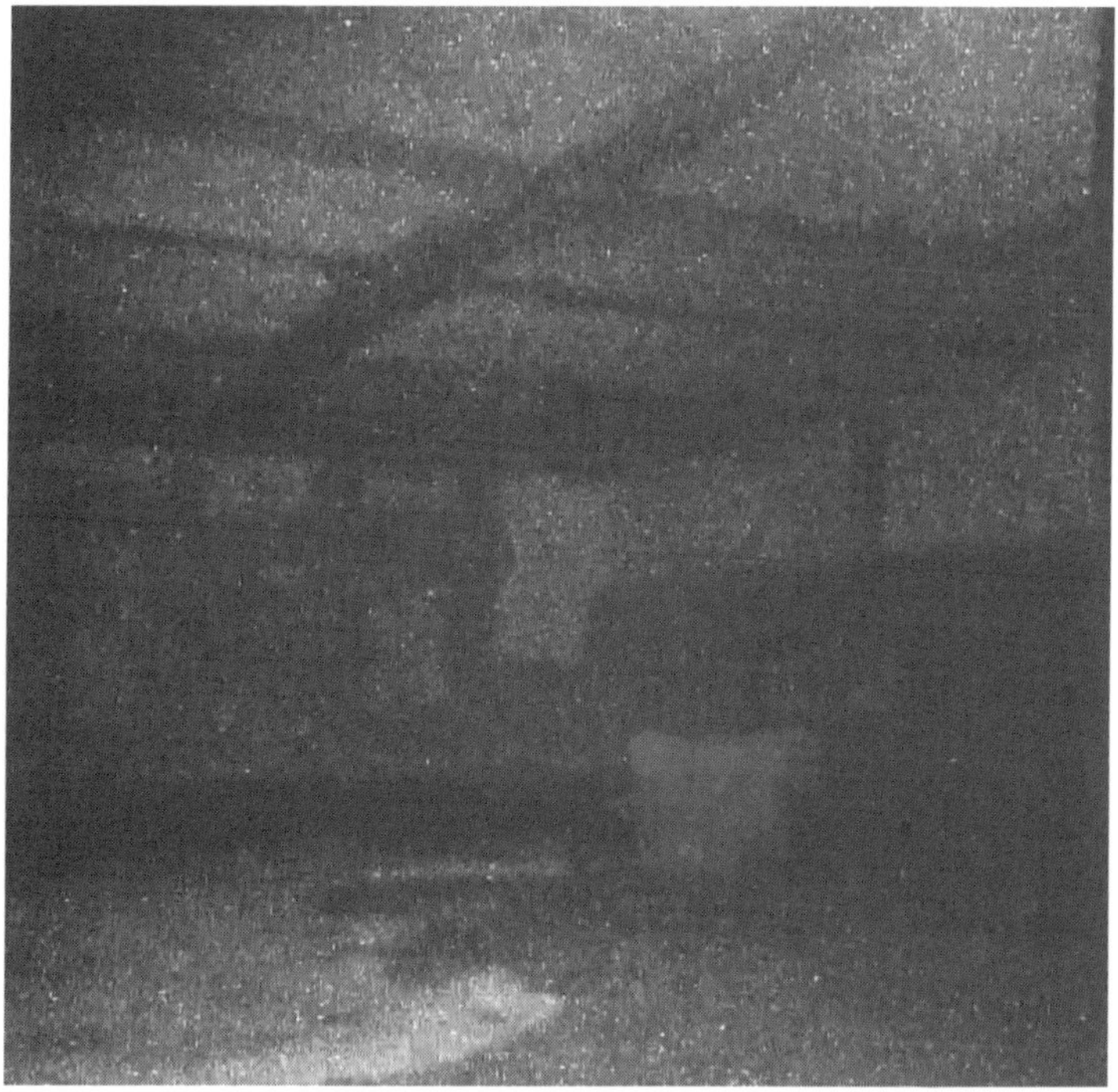

記憶を頼りに描いたMAP

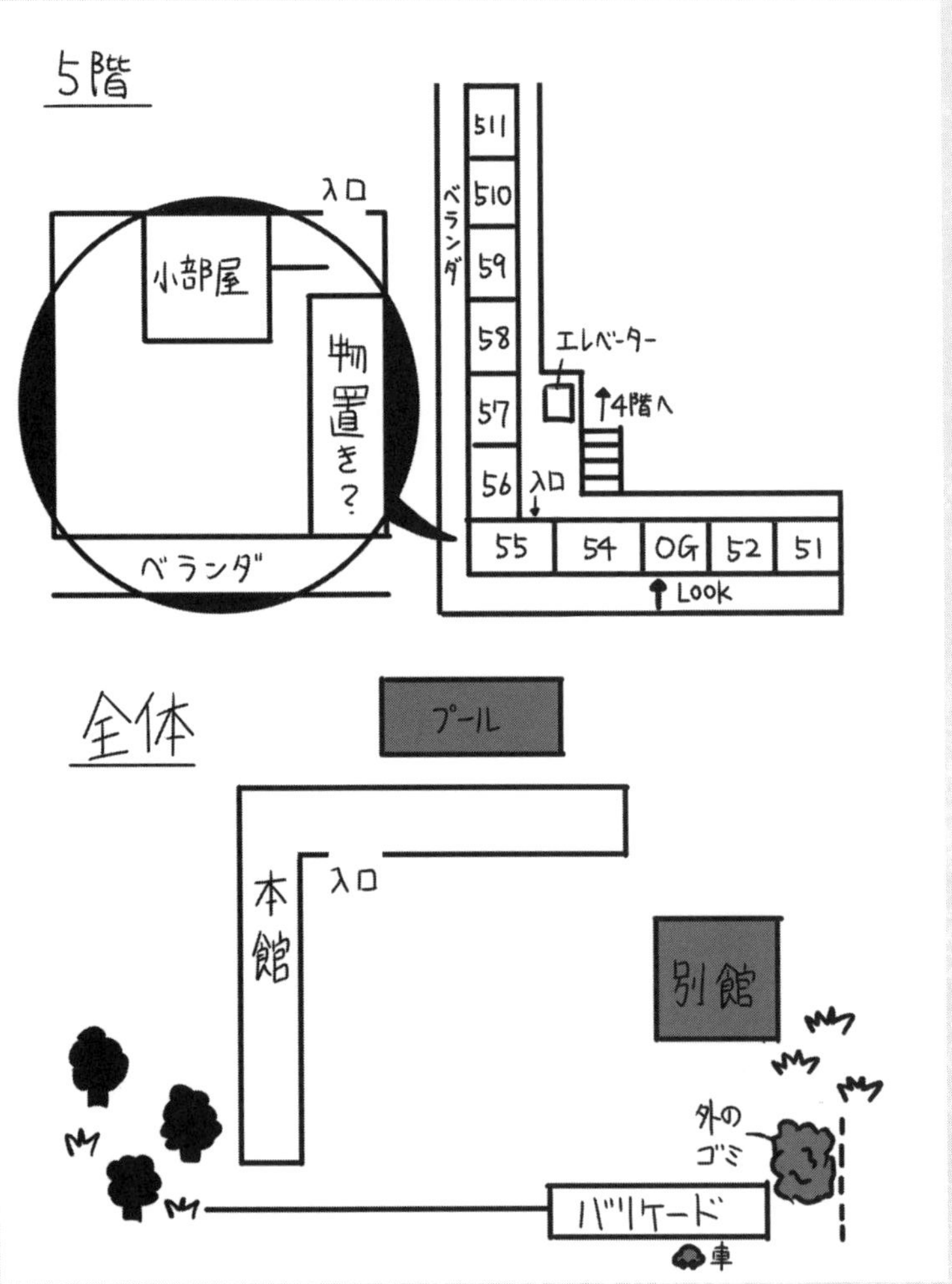

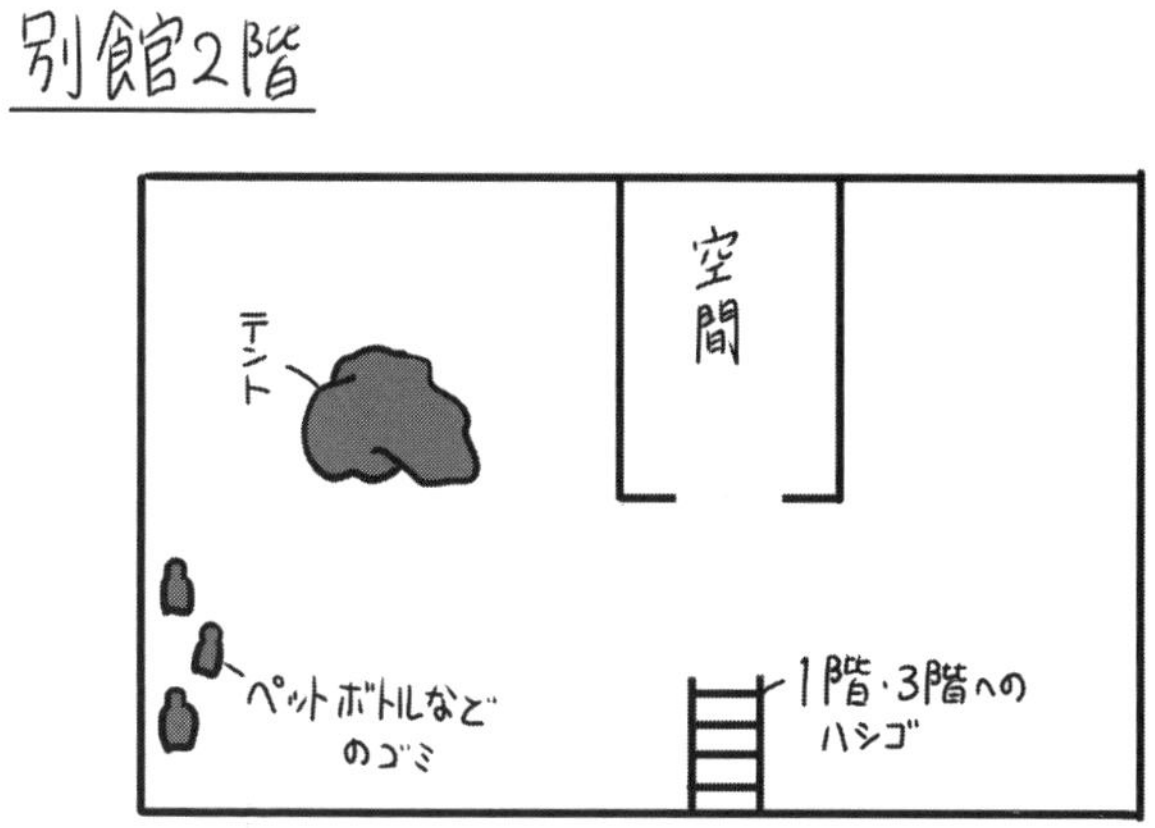

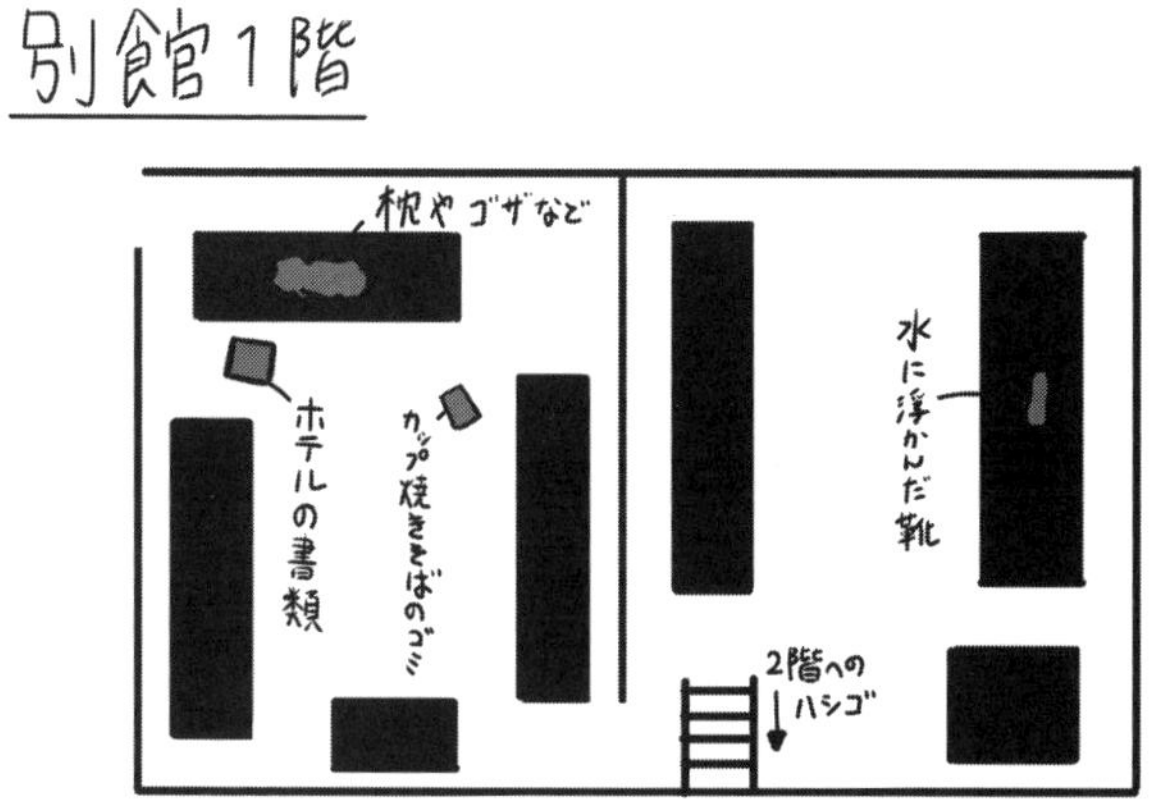

※実際のものとは違う可能性があります。

OFF
SHOT

久しぶりの巨大廃墟。

実証実験がなくて本当によかった。

5章

IM三荘

「いいもりさんそう」

恐怖の大潜入スペシャル！
絶望の展望台！
肝試しの巣窟に隠された驚愕の真実。

ホテル飯盛山荘は飯盛山の山頂付近に建つ廃ホテルで、2010年頃に閉業したと言われ、地元では肝試しスポットとして知られている。建物内は2010年頃の閉業とは思えないほどの荒らされようだ。

ラップ音が鳴る、心霊写真が撮れるなど、数多くの怪奇現象が囁かれ、「女性が飛び降り自殺をした」という噂もある。建物内にはそれらの噂の根拠となるものが複数存在し、多くの謎が交差する、違和感に満ちた廃墟である。

知名度	B	（地元では有名な肝試しスポット）
恐怖度	A	（雰囲気がヤバい。呪われそう）
ゾゾゾポイント	S	

内田の腹痛が治り、フルメンバーがそろった。

新大阪まで新幹線で行き、レンタカーで和歌山に向かう。目的地は和歌山の北部なので、昼間に裏面の撮影で足を運んだ三段壁などに比べれば行きやすいのだが、航空写真を見たら真緑。ほとんど何もない山の中だ。


「視聴者の方より調べてほしい心霊スポットがあるということで、お手紙をいただいておりまして……」

そう言うと、皆口が手書きの封書を見せてきた。


「ゾゾゾの皆さんへ。

ゾゾゾの皆さんに是非行って欲しい所があります。

そこは和歌山の山奥にある廃ホテルで、地元では有名な肝試しスポットになっていて、中も荒らされてしまっている状態です。

山頂付近にあり、絶景が望める展望台もあるホテルとして有名で、私は家族旅行で泊まった事があるのですが、その当時から建物もぼろぼろで少し不気味だった事を覚えています。

現在では心霊スポットとして地元では色んな噂が囁かれています。

有名なものを挙げると

・釜風呂で心霊写真が撮れる。
・ロビーでラップ音が聞こえる。
・電源が点いてないのに夜な夜な砂嵐が流れる呪われた赤いブラウン管テレビがある。
・ホテルで自殺した女性の霊が出る。

などなどです。

信憑性が分からない噂も多いのですが、自殺した女性の霊が出ると言う噂だけはホテルが営業中の頃から私も何となく聞いた事がありました。

確かに幽霊も出そうな雰囲気の暗くてボロボロなホテルではあったのですが、聞いた話によると、その女性は結婚相手に浮気をされた事を悲観して絶景が見渡せるこのホテルから飛び降りたそうで、女性が飛び降りた場所では幽霊が度々出たそうで供養の花が置いてあったと言う話です。

泊まった時にその様な場所が本当にあったのか確認などする事はしなかったので、今となっては確かめようがありません。

ホテルは廃墟となり有名な肝試しスポットとなった今、未だにそう言った噂が語り継がれているようで、もしかしたら本当に幽霊は出るのかもしれないと思い、是非ゾゾゾの皆さんで調べて頂きたくお手紙お送りしました。」

せっかくいただいた手紙を悪く言うのも気が引けるのだが、なんだか正直気持ち悪かった。

幼い文字も怖いし、内容もなんか不穏。醸し出す空気が気持ち悪い。

目的地の「飯盛山荘」の先には飯盛城があるのだが、それ以外には取り立てて何もない。かなりの僻地だ。

山荘まで道はあるが、幅の狭い急な山道なので歩いていくことにする。険しい山を登っていかなければならないのは苦行だ。酷い坂道をゼイゼイ言いながら登る。こんな酷道の先にホテルがあるとは、にわかには信じられない。

目的地に着くずいぶん前に廃教会を見つけた。十字架が掲げてあるので教会だろう。こんな山奥に、立派な教会があるというの

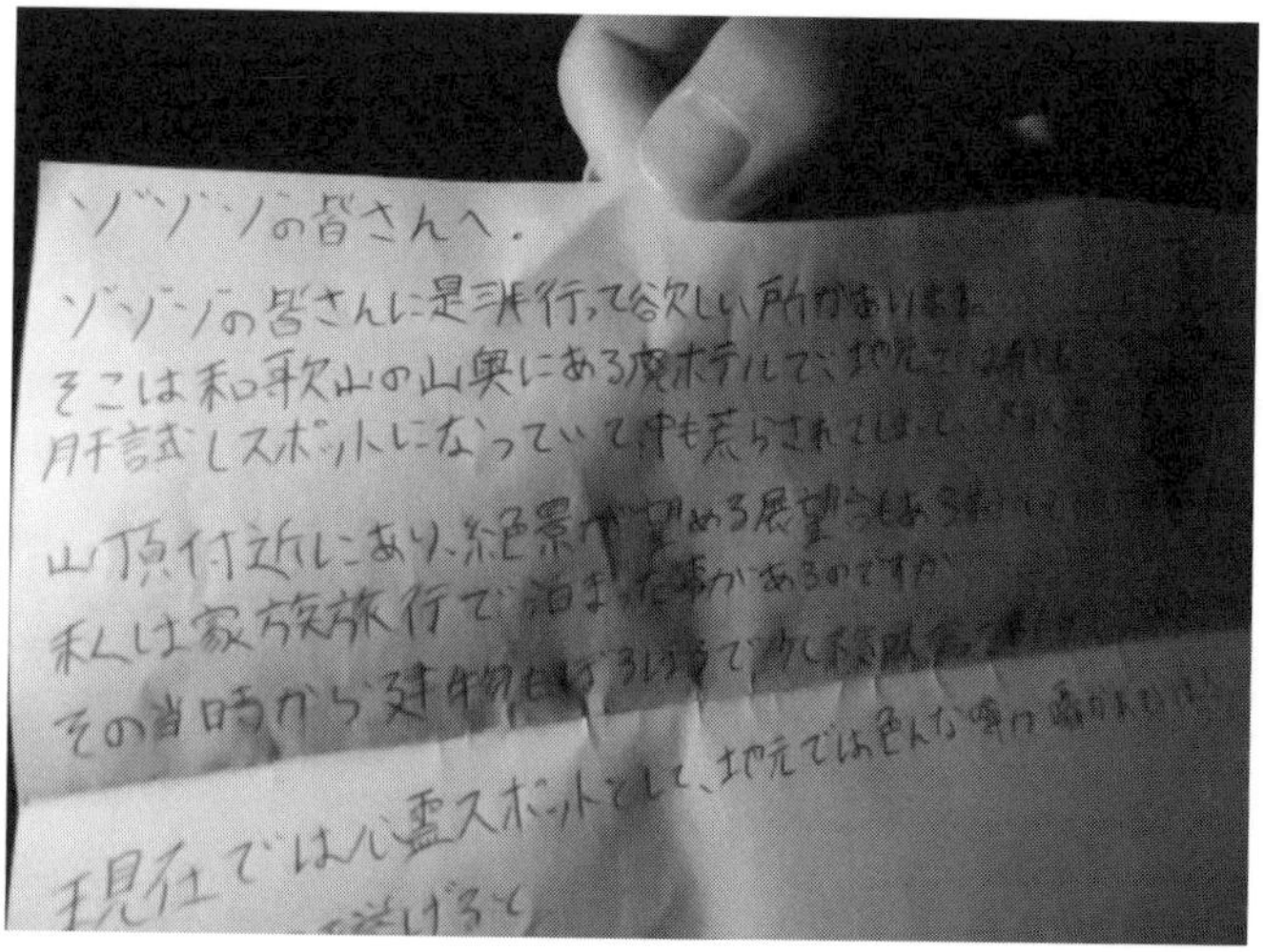
ゾゾゾの皆さんへ.
ゾゾゾの皆さんに是非行って欲しい所があります
そこは和歌山の山奥にある廃ホテルで、[illegible]
肝試しスポットになっていて中も荒らされてしまって [illegible]
山頂付近にあり、絶景が望める展望 [illegible]
私は家族旅行で泊まった事があるのですが
その当時から建物も [illegible]
現在では心霊スポットとして、地元では色んな噂が [illegible]
[illegible]

に違和感がある。信者は集まったのだろうか？

長尾は関心を持って、落ちている看板などを調べている。

廃教会を越え、そのまま15分ほど登ると日が落ちてあたりは真っ暗になってきた。道中に次々と廃墟の痕跡が現れた。集落でもあったのだろうか。無惨に壊れていたり、門だけ残っていたり……なんともやるせない気持ちになる。

30分以上山道を登った頃、暗闇にホテルが現れた。山中のホテルにしては大きい。しかも建物は一つではない。

奥の方には展望台も見える。

入口に「ホテル飯盛山荘」と書かれているのを見て、内田が
「ああ、ここなんだ！」

と少しうれしそうに言う。

飯盛山荘は知る人ぞ知る、有名な心霊スポットらしい。女性の霊が出ることで有名だそうだ。全然うれしくないじゃないか。

夜だし、建物がいくつか連なっているし、正確なところはわからないがとにかく広い。

登ってきた道とは別ルートがありそうなことがわかり、山本が車を取りに戻ることになった。建物の近くに車を停めて、車内で皆口が説明をする。

「お手紙にあった通り、囁かれている怖い噂っていうのがいくつかございまして、今日は一人ずつその噂の検証を行っていきたいなと」

〝一人ずつ〟と言われて、全員が

「え？」

と真顔になった。

それに構わず、続けて皆口が説明する。

「ホテル飯盛山荘は飯盛山の上に建つ廃ホテル。2010年頃に閉業したと言われているんですが、中が相当荒らされてます。肝試しスポットになっちゃってるんですよ」

2010年とは、思ったより最近閉業したようだ。こんな山中のホテルに泊まりにくる人が、意外といたんだ。いや、肝試しスポットになって、相当荒らされている廃墟に、一人ずつ入るの？　冗談でしょ？

結局、トップバッターは内田が行くことになった。

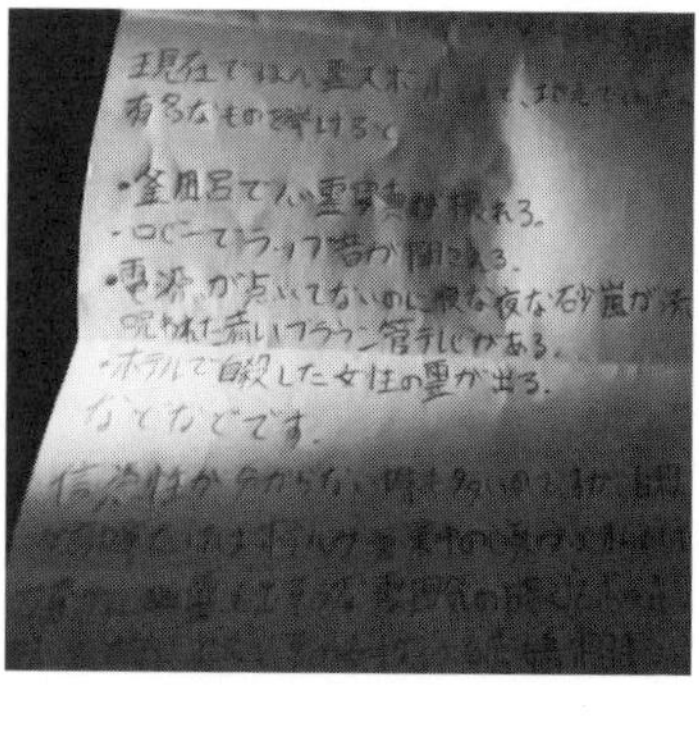

内田

【ホテル飯盛山荘の噂①】1階ロビーでラップ音などの怪現象が起こる。

この噂の真相を確かめにいく。

皆口は建物の入口近くまで同行し、待機する。

「怖え……マジで。っていうかすごいな。これ本当に……」

館内はボロボロに荒れ果てていた。壁は剥がれているし、家具は破壊されている。壁や柱にはスプレーで落書きがしてある。カウンターの中にあった物は床に捨てられ、無惨に踏みにじられている。

館内は電波が悪く電話は途切れ気味だ。

「ロビーに立ってると……って言うから、このあたりに立つか」

エレベーターやコインロッカーを見た後に、広い空間の真ん中にポツンと立つ。時折、カタッ、カタッ、と音が聞こえるものの、ラップ音とまでは言えない。

カウンター内を見てみる。ふと、椅子の下にアルバムが落ちているのを発見した。

「え？　アルバムだ……。結婚式の写真とか、風景とか……。なんでこんなところにこんなのあるんだろう？」

少し不穏な気持ちになってきたとき、バーン!!　と大きい音がした。

「うおっ!!　びっくりした!!　……誰かいます？」

ラップ音というにはかなり大きな音だったので、誰か人が来たのかと声をかける。

「内田さーん！」

内田の大声を聞きつけて、皆口が駆け付けた。

「なんかありました？　怪現象みたいな？」

「何かを強く叩く音がしました」

少しやり取りをした後、二人でアルバムを確認する。

ホテルのアルバムではなく、個人の写真が貼られているようだ。結婚式や旅行の写真など、かなり古い写真が並ぶ。

同じ女性がたくさん写っている。

「待って。〝結婚相手に浮気された〟……って」

〝結婚相手に浮気された事を悲観して絶景が見渡せるこのホテルから飛び降りたそうで〟

皆口は手紙のくだりを思い出した。

「これ、怖くない？」

「……言われてみればそうだね」

内田もその可能性に気づいて怖くなってきていた。

この写真の女性が、飛び降り自殺をした女性なのか？

実際どうなったかはわからない。この写真があったがゆえに広がった噂なのか、それとも本当にこの人が自殺したのか……。そういえば、ロビーで大きな音がしたのは、ちょうど内田がアルバムを見つけたタイミングだった。


内田が実証実験に行って、早々に電話は切れてしまった。

一人で廃墟に入るのは怖い。中の構造が全くわからないので、なおさらだ。待機組は言葉少なに、電波の入らない携帯を見たりしながら待っていた。

20分ほど経ち、内田が皆口と車に戻ってきた。見つけたアルバムについてみんなと情報を共有する。

2番手は長尾が指名される。

【ホテル飯盛山荘の噂②】ホテル内にある釜風呂で心霊写真が撮れる。


電波が非常に不安定だったので、ここからは皆口も同行することになった。

内田が佇んだカウンターを越えて奥に進んでいく。かつて食堂だった場所もめちゃくちゃに荒らされている。

いくつかの建物が連なっていることもあり、ホテル内は非常に入り組んでいる。

探策していると、トイレの近くに風呂の椅子が転がっていた。近くに釜風呂があるのではと長尾は周りを見渡す。

「あれか？　釜みたいの見えますね」

釜風呂は、ボロボロだった。五右衛門風呂のような、釜に入ったお湯につかるような風呂を想像していたが、実際にはドーム状の釜の中に入る、サウナのようなものだった。かなり狭く、二人くらいしか入れなさそうだ。

長尾が一人で釜の中に入り、中の椅子に座る。

「ちょっと湿ってるんですよね……。うわ、めっちゃ嫌だ。すえた臭いしますね」

廃墟のドームは、圧迫感がすごい。

皆口に促され、写真を撮る。カメラの撮影モードが突然変わったりと挙動がおかしいが、なんとか5枚撮った。

最後の1枚に、天井に白く何かが写り込んでいる。心霊現象ではなく、実際に何か書かれているようだ。皆口が天井を照らす。

「待って、なんて書いてある？……〝デ〟じゃない？　カタカナ……」

「デ？　デル？　ココデル……。わ、〝ココデル〟って書いてある!!　めっちゃ怖っ!!」

めずらしく長尾が大声を出した。

「たぶん、石で削ってますね」

「石なんかない、でしょ？　ちょっと……出よう」

皆口が言う。恐怖が増幅していく。

二人は慌てて車に戻った。

20〜30分経って、二人が戻ってきた。長尾は怖がっていて、少し震えているようだった。皆口はなぜか半笑いだった。

再び情報を共有する。俺の中にどんどん嫌な情報が蓄積されていく。

【ホテル飯盛山荘の噂③】夜な夜な砂嵐が流れる赤いブラウン管テレビがある。

「ちょっと、こればっかりは落合さんに確認していただきたいなと……」

文句を言っても始まらないので渋々車を降りる。

皆口と二人でホテルに向かおうとしたら……自動車の近くに赤いテレビが落ちていた。

「見つかっちゃった……」

皆口がつぶやく。探索は、秒で終わった。

「でもたぶん違う気がするんですよ」

「何が？」

「ヤラセっぽくなっちゃうのはアレなんですけど……車出て録画開始数秒で見つかっちゃうと落合さんのシーンごと使えない可能性出てくるので、ちょっと客室、ある程度回って戻ってきて、『あっ』っていうの撮りましょう」

「じゃあ……ちょこっとだけ回ってね？」

皆口が駄々をこねて結局、客室に入ることにした。まあしょうがないか。

ホテルは10数年前に閉業したとは思えないほどボロボロだった。とにかく破壊、破壊、破壊。天井は落ち、壁に穴は空き、ガラスはことごとく割られている。

特に1階ロビーの床にはシャレにならないくらいガラスが落ちている。転んだら血まみれになりそうだ。

「落合さん香水つけてます？」

急に、皆口が聞いてきた。

香水なんかつけていない。

「いい匂いした、今。コロンみたいなやつ」

「あ、『8×4』はしてる」

軽口を叩きながら2階の客室を回り、宴会場に向かう。宴会場もめちゃくちゃに破壊されている。2階には布団はあるが、テレビなどの機械類は見当たらない。

3階に進もうとすると階段の上の方から
「ふぁー」

と女性の声が聞こえた気がした。

飛び降りた女性の声……だろうか？

そのまま3階に進むが、2階とはだいぶ造りが違った。宴会場だったところにも客室が並んでいる。手前の客室内に黒いブラウン管テレビが転がっていた。

奥の客室の入口には、扉が2枚倒れている。二重になっていたのだろうか。

室内を見て「うーっ！」と思わず声が漏れる。

窓際には当たり前のように赤いブラウン管テレビが置かれていた。


バン!!


テレビを見つけたことを抗議するように、怪音が響いた。

内田も「バーン!!」という音を聞いたと言っていた。同じ音か？

「これはちょっと怖いってマジで……。いや、鏡だよこれ奥。で、ここのテレビの隣の畳だけ、すごい腐食してる」

このひどい有様の中、テレビの正面に置かれた鏡だけ健在なのがなんとも気持ちが悪い。

「チャンネル何になってます？」

皆口に言われて確かめると、2チャンネルだった。

「2チャンネル……」

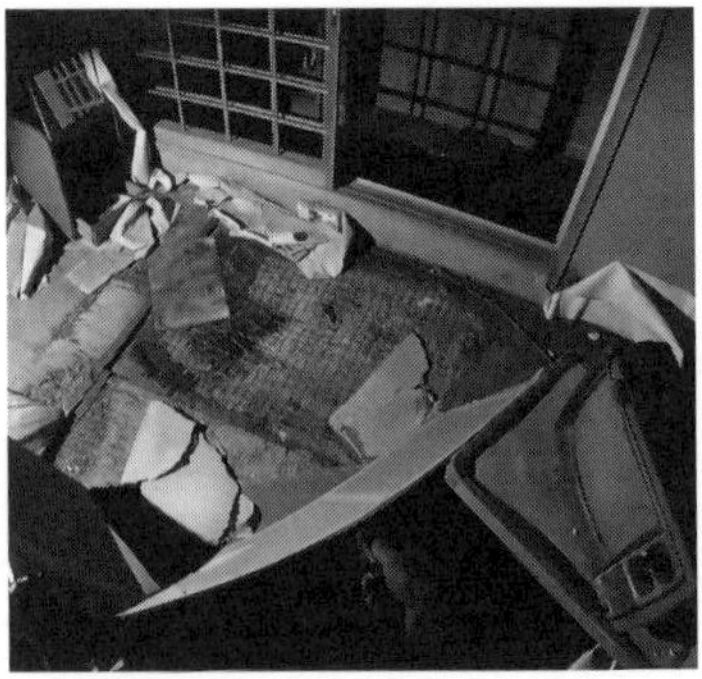

皆口は意味深につぶやく。

ブラウン管時代は2チャンネルは映らない。このテレビの前に最後に座った人は、何を見ていたのか？

……砂嵐？

皆口は、テレビのプラグを指差す。コンセントからは外れている。

「そういうことか。電気が通ってないのにっていうのは」

「そうか。じゃあ、下のじゃないのか……」

俺が皆口に返事をする。そのとき、

「はやくいこう」

「え？」

俺は振り向いた。聞こえるか聞こえないかギリギリの声で、女性の声が聞こえた。

皆口には聞こえなかったようで、入口の近くで倒れている扉を調べている。

「この扉、内側に蹴り倒したような感じで室内に倒れてるじゃないですか？　でも部屋の扉は逆なんですよね。入らないように立て掛けてあったやつを、どかしたっていう感じじゃないですか？　だってドアの向きおかしくないですか？」

「うん……向きがおかしい」

「二重で入らないようにされてたのを、誰かが倒して……」

そう言われたら、そうにしか思えなくなってきた。

「塞いでたんだよ」


バチン!!


タイミングよく音が鳴る。

音が鳴りすぎて、なんだか当たり前のような気がしてきた。

皆口は撮れ高に満足したようだった。

「隣はないですもん、テレビなんて。見つけるもの見つけたので、1回車戻ります？」

「戻ろう戻ろう、怖い怖い。いやあ、あれだから……」

ザー――――!!

砂嵐が鳴る音がした。

思わずパニックになりそうになるのを抑えて、車に戻った。

車内で会議をしていると、長尾が外を見た。外から女性の「うー」という声が聞こえたと言う。内田にもその声は聞こえていた。

なんだか散漫にいろいろなことが起こる。

けっこう撮影時間も長くなってきた。そろそろ帰りたくなってきたが、皆口はさらに撮影を続けるようだ。

「ということでここまで、点々と囁かれているホテル飯盛山荘の怖い噂っていうのを検証してきたんですけど。最後、やっぱり外せないのがホテル飯盛山荘で一番有名な噂。ここで亡くなった女性の霊が出るという……」

【ホテル飯盛山荘の噂④】ホテルで自殺した女性の霊が出る。

敷地が広いので、ここからは二手に分かれて探索することになった。

山本、皆口、長尾チームはホテルの本館を探索。俺と内田は本館以外の部分を探索する。

「手紙には、女性の幽霊が出る場所には供養の花が置いてあったということも書かれているので……ホテルがそういうことするかっていう疑問はありますけど、一体どうしてそういう噂になっているのか、もし少しでもヒントがあればということで。行ってみましょう」

ホテルの前には普通に一軒家が建っていた。なぜか皆口に指摘されるまで気がつかなかった。まずはここから探索する。本館以上にかなりボロボロだ。

扉は……開いた。

「うわあああああ」

内田とハモって声が出た。室内はカビだらけで壁は真っ黒になっている。ものすごい臭いだ。物は残されているが、腐っている。床も危ないので中には入れない。

奥を覗くと、ホテルの鍵を掛けるラックのようなものがあった。つまり、ここはホテルを管理している人が住んでいた建物なのだろう。

山本&皆口&長尾

長尾を先頭に再びホテルの正面玄関から入っていく。先程は見なかった細かい場所も確認する。建物としてどうにも不自然だ。適当に増改築しているようだ。

「ベニヤで天井を塞いでって……」

山本が訝しげな顔で天井を見上げる。

長尾が落ちていた館内図を拾う。館内図にはあるはずのエレベーターが書かれていなかった。つまり、エレベーターは当初はなかったのだ。後から設置している。今だったら違法建築にあたる可能性もあるだろう。

階段を上っていく途中、長尾は何かに気がついたようだ。

「あーだからやっぱり、ホテルじゃないよね。ホテルとして営業していたのは事実だけど……。ここ、何年から営業してたとかあるんですか？」

「いや、なかなかね、出てこないんだよね。でもけっこう古いだろうね」

「めちゃめちゃ古いっすよね。だからスタートからホテルだったの？　って思いますけどね。建物が頑丈なんですよ。外観見ただけだと、病院っぽく見えるんですよね……」

飾り気のない廊下を見ながら言う。

「まあ、病院というか、療養所というか……」

「言われてみるとホテルにしては殺風景な……」

皆口も、この建物はホテルには似つかわしくないのか、見定めようとあたりを見渡した。

4階に移動すると、なぜかこのエリアだけ解体工事が入っているようだった。

山本が床に落ちているファイルを見て言う。

「これ医者系じゃないかな？　医療系の……病院っていうよりも、治験所みたいな……」

「あった」

書類を見ていた長尾が、〝治験成績書〟と書かれている部分を指し示す。〝雄雌マウスによる経口急性毒性試験〟とも書かれていた。つまり動物実験のファイルらしい。

ここで動物実験が行われていた？

「それは飯盛山荘の前の話？　そういう施設を衣替えして、ここがホテルになった……とかじゃなくて？」

「その可能性も高いですよね」

皆口の疑問に長尾が答える。

さらには〝宗教法人〟と書かれたファイルが出てきた。

「あ、これさっき、途中であった廃教会に転がっていた看板に書いてあったんですよ」

そのファイルには行きしなに見つけた廃教会と同じ施設の名前が書かれていた。長尾は落ちていた看板に書かれた名前をチェックしていたのだ。

しかし、この資料は何を意味しているのだろう？

俺たちは一軒家を見た後に、右に進んだ。そこには宴会場のような別館があった。座椅子や机が落ちている。元々は廊下であっただろう場所は床が抜けてしまっている。

次に女湯と男湯を見つけた。ボロボロすぎて、とても十数年前に閉館されたとは思えない。

そして、その隣に釜風呂もあった。後ろから火を起こして温めるシステムのようだ。6個ほどドーム状の風呂が並んでいる。このどれかで長尾が撮影をしたのだろう。

内田が深刻な顔で話し出した。

「落合さん、さっきの本館の壁……気づきました？　赤い十字架が描かれてたんですよ、でっかく……。近くに教会もあったじゃないですか。普通のホテルだったの？　ってちょっと疑問が浮かぶんですよね」

大きな赤い十字架。

行きしなに見かけた廃教会と関係があるのかもしれない。

ちなみに、赤い十字架は韓国系のキリスト教会に多いと聞いたことがある。日本にある韓国系の教会にも赤い十字架がかけられているのを見たことがあった。

その後、ホテルの中からは、ハングルで書かれた資料も出てきた。何か関係あるのかもしれないが、答えはわからない。

俺たちはさらに探索を進めたが、あまりに崩壊が激しい。

「もうほとんど崩壊して、崩れ落ちてるから、実際にどこまで行けるのかがわかんないね」

見上げるとすぐそこに展望台があった。

「うわ、でか……近くで見るとすごいね、展望台」

景色がよいというのがこのホテルの売りだったのだから、この展望台がかつては名物だったのだろう。今やボロボロに朽ちて、今にも崩れそうな雰囲気で佇んでいる。

上まで行くことはできるのだろうか？

山本&皆口&長尾

5階に上る階段を進むと、進路を塞ぐように腐りかけた畳が積まれていた。無理やり乗り越え先に進むと、屋上に出た。5階＝屋上、だったのか。

屋上だが、外へ続く扉の手前に部屋がある。

部屋に入り、棚を見ると位牌のようなものが置かれていた。日本の位牌とは違うようだ。だが、気持ちが悪いことには変わりない。

そして、写真が散乱している。ロビーのアルバムに貼られていた写真と同じ持ち主のものではないか。

皆口が神妙な顔で長尾に話しかける。

「ねえ、すっごいすすり泣く声みたいな……」

「いや、めちゃめちゃずっと聞こえてるんで、俺はもう落合さんかな？　って思うようにしてるんですけど……」


「うー……うー――」


その声は三人の耳にも、マイクにもしっかりと入ってきた。

「いや……落合さんじゃない」

皆口の言葉に長尾が同意する。声は女性の声だ。


足元を見ると〝アステカの祭壇〟と呼ばれる類の心霊写真が落ちていた。

アステカの祭壇とは、撮影された場所や年代は関係なく、写真の中に台や壺のような形をした赤い影が写り込んでいる写真のことだ。某テレビ番組でも取り上げられ話題になった。

アステカの祭壇が写った写真は、見ると呪われるとして恐れられている。

しかしなぜ、それがここにあるのだろう？

「待って……ずっと、泣いてる」

「右後ろでずっと……外ですね」

写真を見ている間も、女性の声は聞こえ続けていたのだ。

三人は声の方に向かって歩き出した。


俺たちが先に進むと、扉や壁にマジックで大量の落書きが書かれた場所に出た。

　よね よね よね よね よね よね よね よね よね よね よね
よね よね よね よね よね よね よね よね よね よね よね よ
ね よね よね よね よね よね よね よね よね よね よね
よね よね よね よね よね よね よね

いたるところに〝よね〟と書いてある。

「〝よね〟ってなんですかね？」

「全部〝よね〟だ……」

中に入ると脱衣所のような雰囲気だ。

「薬草かまぶろ　乾燥させたヨモギをかまの中に敷き下から弱火で一日中たいております」

そう書かれた説明書きがあった。

「釜風呂と展望台がホテル飯盛山荘の目玉だったのかもしれないね」

ここにも釜風呂があり、普通の大浴場もあった。

だが展望台に進む階段はない。

「1階から行くんじゃなくて、本館の何階からか連絡通路があったりするんですかね？」

内田が言う。

外へ出て二人で建物を見上げるが、それらしきものは見当たらない。

あたりを探していると、逆に地下に続く道を見つけた。まるでゴミの集積場のように様々なゴミが積まれている。ゴミの中を行きたくはないが、もしかしたら地下から展望台に上がる階段があるかもしれない。

怪我しそうで怖いので、空き缶の入った麻袋を足場にしてゴミの上を進んでいく。

「地下だ。ちょっと、奥照らせる？　怖い……」

内田に懐中電灯で照らしてもらう。

「なんじゃい、これえ？」

想像よりかなり広い空間が広がっていた。カビの臭いが漂ってくる。地下だから臭いがこもるのだろう。

この空間は、おそらく倉庫として使われていたようだ。

洗濯機がいくつか置かれ、従業員の方の作業着がかけられている。料理で使われたのであろう食器もたくさん置かれている。その他にもホテルの備品のようなものが見つかった。

そして、中央付近の棚にはなぜか造花が置かれていた。そして、そこにワンカップの酒が添えられている。

まるで供養をするように。

「これ違うよね……？」

俺も内田も、手紙に書かれた一文を思い出していた。

〝女性が飛び降りた場所では幽霊が度々出たそうで供養の花が置いてあったと言う話です。〟

長尾たちは屋上に出る。

「たしかに絶景ではあると思いますよ……あ、落合さんから電話だ。はい？　もしもし」

「もしもし、我々、本館以外の建物は一応全部確認はしましして。ちょっとその、展望台だけ行けなくて……」

「ルートがないってことですか？」

「階段がないのよ。そっちから行けない？　展望台の方に……」

「ここからは、難しそうだけどな……」

山本があたりを見回しながら言う。

「行けそうな道とかって上から確認できないですかね？」

内田の問いかけに長尾が答える。

「そのままますぐ行って、右行って、左行って、みたいな感じです。それかその風呂場の中から行くって感じですかね」

だが、浴場の中には階段はない。

ただし、展望台を見ると、中階段があるのは見える。ということは、どこからか階段が繋がっているはずだ。

いったん全員で合流した。

結局、地下道は浴場の脇の外に繋がっていて、中に階段はなかった。

五人全員で浴場に向かい、階段を探す。

しかし見つからない。どこにもない。

そんなはずはない。天井を見上げると、隙間から展望台の2階の足場が見える。浴場の真上が展望台なのだから、どこからか上れるはずだ。


山本だけ本館の屋上に戻り、上からナビゲートしてもらうことにした。山本は本館脇の非常階段を上がる。

長尾が電話を使わずに直接、しゃべる。

「山本さん!!　この中階段、2階の。ここから下りる階段ってあります!?　中央部分とかに、中に下りていく階段って見えますか!?」

ライトで展望台の中階段を照らしながら聞く。

このタイプの展望台なら、上り階段と、ぐるっと一周して下りる階段の二つがあるはずだ。上り階段に繋がる道がないのであれば、下り階段に繋がる道を探せばいい。

「一番あっち側がその、手すりみたいなのがある気がしなくもない……」

「手前は上がっていく階段ですよね？」

「そうそうそう！」

ということは奥側に下りる階段があるのだろうか。浴場の裏側にはまだ行っていない。外に出て回り込み、浴場の側面まで進む。増築を繰り返し開かなくなった扉、かつて使われていたのだろう飯盛山荘の看板、などがあった。

見上げると、浴場の上に露天風呂が見える。

「この上が展望台なんだと思うんだけど。一つ上が露天風呂で、そのさらに上だね」

俺は懐中電灯で、展望台があるであろう場所を照らした。

このまま回り込めば裏だが、浴場の裏側は木々が生い茂り、崖のようになっている。

「行けるところまで行ってみましょうか」

建物の少し出っ張っている部分に登り、壁にくっつくようにして裏側を進む。徹底的に探すが、はしごも階段も見つからない。長尾に肩車してもらい、さらに登ってみたが、裏側の窓から浴場の内部を見下ろせただけだった。

「展望台の1階部分を潰すようにお風呂ができてるってことですか？」

「そう」

「じゃあ展望台はもう行けなくなっちゃってるってこと？」

「いや、行けないまま、置いておくってことはないでしょう？」

「ホテルをやるんだったら、だって〝絶景〟を売りにしてるんだから、展望台を潰しちゃダメでしょって」

口々に意見を言う。ダメと言ったって、現にどこからも入れないのだからしょうがない。

しかし、ここまで来たなら展望台に上りたい。

浴場に戻って長尾に肩車してもらい、天井の穴にＧｏＰｒｏを突っ込んでみたりもしたが、埃と柱が見えただけでよくわからなかった。


上から見ていた山本があることに気がついて下りてきた。

展望台の２階にぐるりと張られている金網。正面側だけ外れているという。

皆口が聞く。

「渡り廊下があったんじゃないかっていうこと？」

「そうそうそう、そういう何かがね……」

「だとしたら、この正面の建物に繋がってるはずなんですけど、これたぶん１階建て……」

皆口は金網が外れている側にある建物を見ながら言う。最初に内田と行った宴会場のような別館だ。

「上から見たら、浴場と正面の大きい建物、屋根違うんですよ。だから大きい建物を後から造ったってなったら、展望台への通路を潰して建てたっていう可能性も……」

山本の説をとるなら、元々は宴会場のところにあった建物から展望台に上れた。そして、通路を潰して宴会場を造り、わざと行けなくした。

この説が正しいかどうかはわからないが、展望台に上がれないのはほぼ確定のようだ。

「花見つけたのって、たぶん展望台の真下の地下じゃない？」

皆口が聞いてくる。たしかに、ちょうど展望台の真下であり、宴会場の真下だ。

つまり、ここで飛び降り自殺があったから、建物を潰して展望台へ行けなくした……？

そう、なのだろうか？

飛び降り自殺の痕跡を隠すために、増築、増設を繰り返したのだろうか？

手詰まりになったので、改めて発端となった手紙を取り出して読み返す。

〝泊まった時にその様な場所が本当にあったのか確認などする事はしなかったので、今となっては確かめようがありません。〟

長尾がハッと気づく。

「今となっては確かめようがありません……って知ってるじゃん」

展望台の封鎖を知っていたから、確かめようがありません、と書いたのか？

「違うかな？　さっき来るときにあった、廃教会あったじゃないですか？　このホテルと似たような形にふと思っちゃったんですけど……何か関係あるのかな。その教会の住所も名前も載ってる書類が、ここの建物からも出てきてるんですよ」

様々な謎が絡む。

絡むのだが全く解けない。

「これはもう、我々の負けですね。無理ですよ……これ以上は」

皆口が言い、全員スッキリしない顔のままエンディングの収録に入った。

「ホテル飯盛山荘。スタッフ陣もクタクタだと言うことで……」

「今回ちょっと、かなりの疲労が……」

皆口に話を振られた内田が、弱々しく答える。

しかしこんなに建物をグルグル回ったのははじめてだった。

「これはもう無理ですか？」

「んーちょっと考えますね。この時間内に答えに近しいものとかを出せなかったことはすごく……悔しいですね」

長尾は残念そうにうつむく。

情報は多かった。

アルバム、増改築、動物実験、宗教団体、廃教会、女性の飛び降り自殺、供養の花、赤いテレビ、アステカの祭壇、上れない展望台、などなど……。

なんなら普段よりもたくさん情報を入手できたし、心霊現象のようなものも起きた。

だからこそ、どの筋道が正しいのかまとめることができなかった。結論や仮説が立たずに探索を断念するのは番組史上はじめてかもしれない。

飯盛山荘は怖かった。

ロビーでラップ音、釜風呂で心霊写真、砂嵐が流れる赤いブラウン管テレビ……など、とにかく手紙に書いてある噂が、自分たちが現場に行ったときにもそのままの形で起きている感じがして怖い。

2010年に閉鎖されたとは思えないくらいの荒れ方も違和感が否めない。

「展望台に行けない」というのも考えれば考えるほど怖くなってくる。

そして、どうしても不完全燃焼ではある。

「でも、こういうもんでしょ」

長尾が吹っ切れたように言った。

そうなのだ。リアルな現場というのは、こういうものなのだ。

4～5時間ほどもひたすらグルグル歩き回ったので、全員疲労困憊だった。ホテルへの帰還が遅くなったから、オフトークの撮影も深夜に至った。

ちなみに翌日に再び三段壁に行ったのだが、台風のような風と雨に散々やられた。和歌山まで来たのにアドベンチャーワールドのパンダも見られず。

結局、スパゲッティーを食べたくらいしか思い出は残っていない。

記憶を頼りに描いたMAP

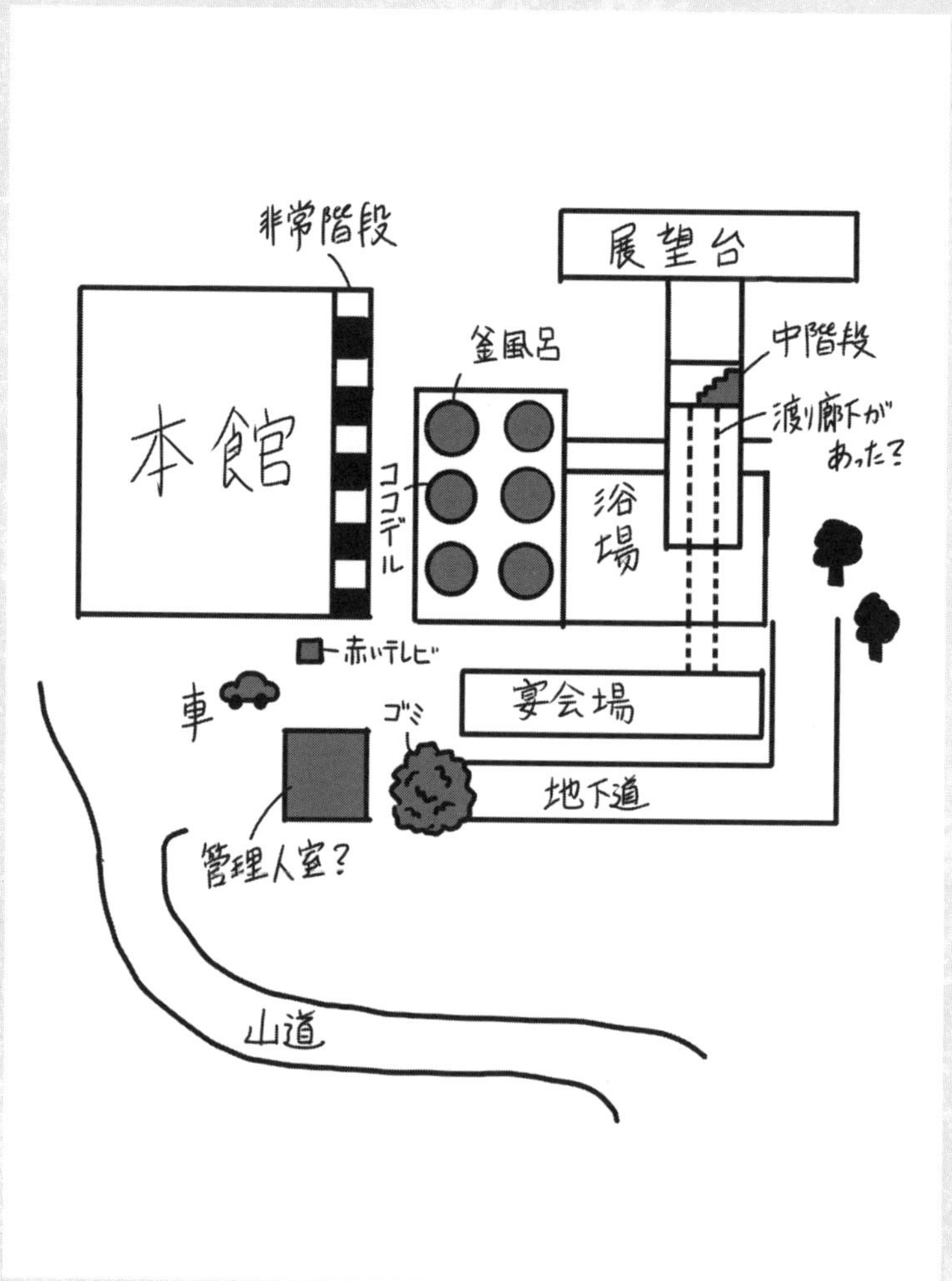

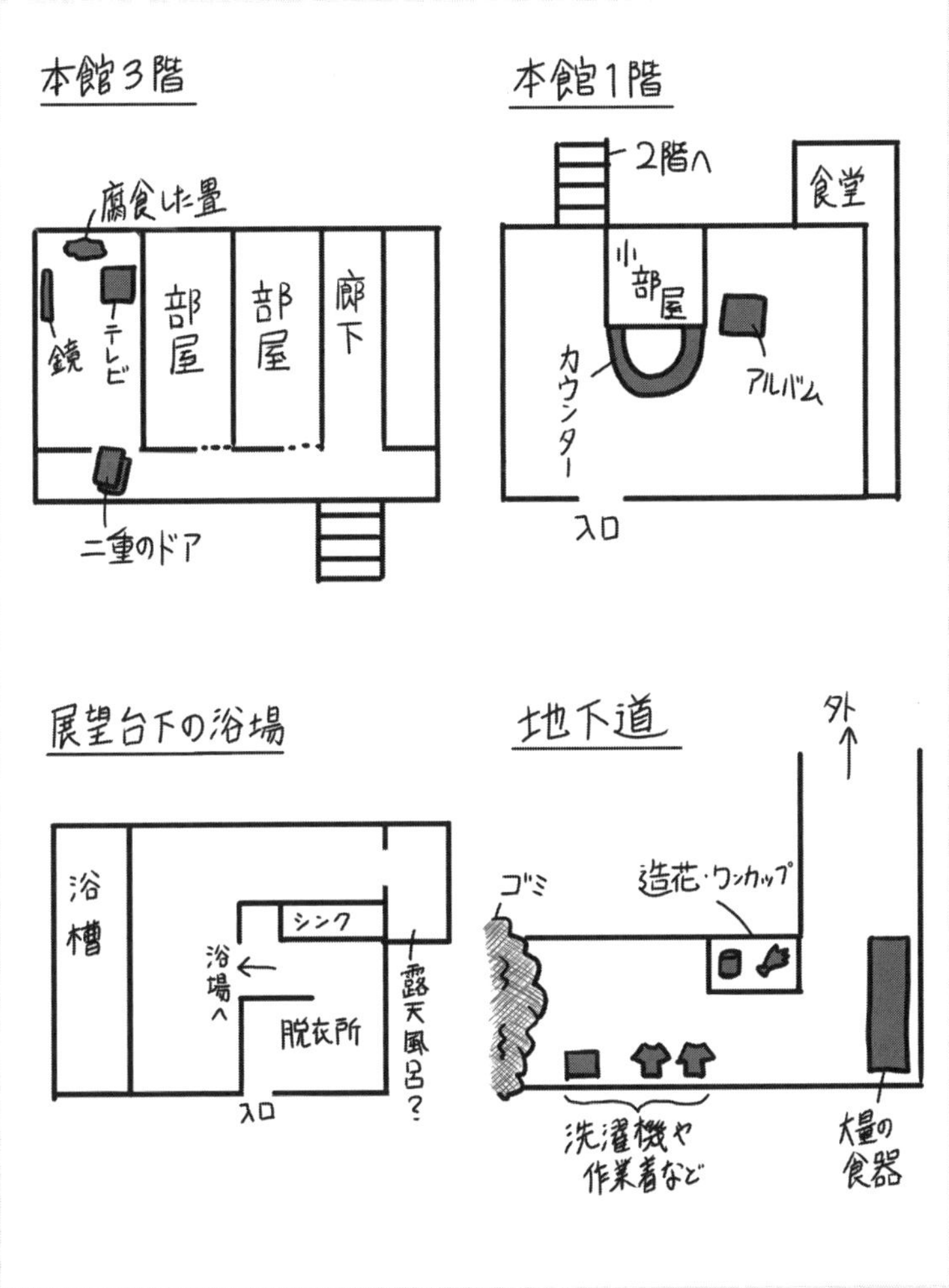

※実際のものとは違う可能性があります。

OFF SHOT

謎が解けぬまま終わった撮影。

展望台に行けなくて長尾くんは少し寂しそう。

6章

A公園

「えーこうえん」

【閲覧注意】立入禁止！
廃屋に染み付いた怨念の姿を撮らえろ！
決死の大突撃スペシャル。

宮崎県某所にある通称「A公園」。敷地は広大で、長らく手入れされていないため、道は草木で覆われている。昭和52年に開園し、レジャー施設として運営されていたが、ある日を境に閉園となってしまった。

その原因の一つと言われるのがシミ。営業時に何軒ものバンガローでシミが発見され、幽霊騒動に発展したらしい。シミが人形《ひとがた》に見えた者は呪われると噂される。

また、バンガローは15軒とされているが、噂では幻の16軒目が存在するそうだ。

知名度	C	（まだ有名になっていない謎多きスポット）
恐怖度	B	（雰囲気がある。それなりに怖い）
ゾゾゾポイント	4	

2022年の初秋のまだ暖かい日だったと思う。俺、内田、皆口、長尾のメンバーで宮崎県に旅立った。

日中は長尾を除く三人でサブチャンネル用に有名な廃村「寒川集落」に行った。で、これがひたすら1時間半かけて山を登り、下りるという過酷な撮影だった。3時間登山をするだけでもしんどいが、雨は降ってるわ、途中で川のようなところがあるわで、びしょ濡れになった。挙句の果てに、途中で大量の蛭に刺された。

ズボンをめくったら10匹くらいの蛭がついていて、思わず叫んだ。これが引っ張っても取れない。ニューって伸びる。

蛭は、ヒルジンという出血が止まらなくなる成分を分泌するそうで、傷口からは延々と血が流れ続けた。YouTubeでモザイクなしに流したらBANされてしまうような悲惨な流血騒ぎになってしまった。

いったんホテルに帰ってシャワーを浴び、血と汗を流して絆創膏を10枚くらい貼った。しかしベッドで休む間はなく、本編の目的地である「A公園」に移動する。

ホテルからは1時間ほどの距離でさほど遠くはなかったが、そこに至る道程は険しい峠道だった。到着したときにはとっぷり日が暮れて、あたりは真っ暗になっていた。

道沿いに、チェーンがかけられた場所を見つけた。そこがA公園の入口だ。聞いていなかったら見過ごしていただろう。管理者の方から預かった鍵でチェーンを開け、車を停めた。

元々は園内も車で行けたっぽいが、草木が生い茂っているため進めない。ここからは歩かざるをえない。

A公園と管理者の方との約束で名前を伏せているが、現場には正式名称が書かれた看板がたくさん立てられていた。ただ、俺は一度も耳にしたことがない名前だった。

皆口によると、ネットなどでもほとんど情報が出ておらず、有名な心霊スポットというわけではなさそうだ。

いつも通り、内田が解説を始める。

「A公園は、昭和52年に開園されたレジャー施設です。正確な閉園時期などは一切不明となっております。A公園にはレストランやバンガロー15軒を含むキャンプ場などがあったとされています」

家族で車で遊びに来て、テントを張ってキャンプをして楽しむような公園か。今でも通用しそうな施設ではある。

「A公園が営業中、ひっそりと幽霊騒動があったと言われています。原因不明の人形《ひとがた》のシミが何軒ものバンガローで滲み出てくるようになったそうで、それが原因でA公園は間もなく閉鎖されたと言われています。

A公園に関する情報はほとんど残されておらず、地元民でも存在を知る者は数少ないそうです。A公園内にはバンガローが今でも取り残されているらしいです」

シミ……。

こんな自然の中に建てられたバンガローだから、浸水してシミができてもおかしくはない。ただ、今のようにネットもない時代に、「シミができた」という騒ぎが原因になって閉園するとは、よっぽど大きい騒動になったのだろうか？

続けて、内田が視聴者から寄せられた、真偽不明の情報を読み上げる。

「A公園の一部敷地は、墓地を潰して作られたものだと言う」

「公式では、バンガローは15軒とされているが、本当は幻の16軒目が存在すると言われている」

「バンガローに滲み出たシミは何かへの恨みが非常に強い地縛霊の姿とされ、絶対に触ったり消したりしてはいけない」

「シミに関する霊障は複数噂があり、〝それ〟が人形に見えてしまった人は呪われる」

「シミってどういうこと？」

「人形のシミがバンガローの壁に出てきちゃって、気味悪がられて、結局ここはダメになっちゃった、みたいな。それが、しかも1カ所じゃなくて、何軒も出てきたらしいんですよ」

皆口が答える。

ちなみに、過去に一度だけテレビで取り上げられたことがあるそうで、シミが地縛霊の姿と言われているのは、その番組の情報から来ているらしい。

　つまり、今回はその恐ろしいシミを探しに行くのが目的なわけだ。正直、「見たくねえなあ……」と思う。

　A公園内は、閉園時から全くの手つかずになっているそうで、草木も伸び放題だ。しばらく道なりに進んでいくと看板や矢印が出てきた。金属製だが朽ちている。

　そこから先は急に道が険しくなり、草ぼうぼうでどんどんワイルドになってくる。草木で道が塞がれているところもある。昼間の蛭事件が頭にチラつく。

　30〜40分ほど経っただろうか。嫌な気持ちで草むらを歩いていると、急に大きな建物が懐中電灯に照らされ現れた。

　公園の管理棟のようだが、けっこう大きい建物だ。

中に入ると、机や椅子、書類、浴衣などが、そのまま残っていた。受付と書かれた看板をはじめ、様々な物が床に落ちている。鍵がかかっておらず、入ろうと思えば誰でも入れる状態だったので、侵入者の手によって荒らされたのだろう。

ただ、それ以上に木造なので雨風にさらされて湿り、朽ちかけている。

「平成10年……20年前くらい？　まではギリギリやってたみたいですね」

長尾が壁に貼られたカレンダーを見ながら言う。

桜、柿、うぐいす、つばめなど、バンガローの名前らしきものが書かれた棚があった。数えてみると、噂通り15軒だった。

外に出ると、遠くに光っている場所が目についた。

「なんか反射してない？」

「あっ建物ありますよ!!」

内田が答える。近づくとガラス戸があり、光を反射して

いた。バンガロー、思っていたより手前にあるんだな……と思いながら室内を見ると、大量の布団が積まれている。ホテルで使うような備品も落ちていた。

水道もないので、おそらく物置だろう。目的はバンガローなので、そのまま道なりにまっすぐ進んでいく。

「桐　紅葉　楓　松　杉　梅　竹」と書かれた古い看板が出てきた。

矢印は出ているものの、その指し示す先は自然に侵食されている。まるでジャングルだ。

「ここを突っ切れば奥ひらけてますよ」

皆口の言う〝ここ〟は、もう道とは呼べない。木を力ずくで押さえつけ、倒れた木の下をくぐり、無理やり前に進んでいく。やっとの思いで50メートルくらい進むと、バンガローが現れた。いくつか並んでいるようだ。

「杉」のバンガローが見つかった。

その周辺にいくつかバンガローが見えるので、俺と内田、皆口と長尾に分かれて一つずつバンガローを確認していくことになった。

まずは「杉」。ボロボロになった扉を長尾が開けて、皆口とともに中に入る。

ひどく朽ちている。床は抜けていて、壁や天井がベロベロに剥がれていた。ただ、壁にシミは見つからなかった。


続けて「桐」に入ったが、桐は比較的キレイな状態だった。

ユニットバスにはドライヤーやアメニティも残っている。壁にはシミが浮き出ていたが、人という感じではなかった。

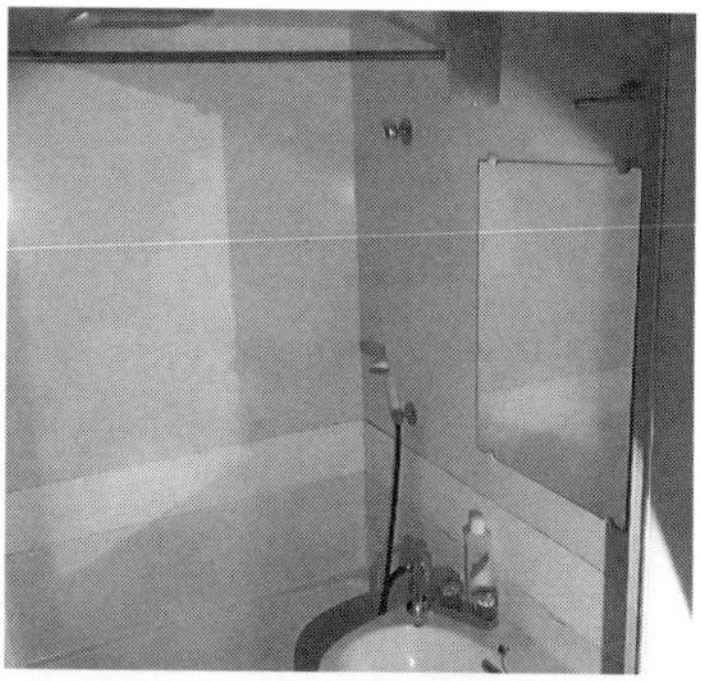

さらに隣に「竹」のバンガローを発見した。このバンガローもとてもキレイだった。施錠されていないのに、キレイに保たれているということは、閉園してから誰も侵入していないということだろう。

皆口は不思議そうな顔で長尾に尋ねる。

「でもさ、入口の管理棟はもうすごい荒らされ放題だったじゃん」

「わざわざ奥まで来なかったのかな……いやだって普通、こんなキレイに残らないですよ」

「キレイだけど、めっちゃ怖くない？」

「なんか……人がいる気配というか。それをすごく強く感じますよね」

しかしシミどころか壁紙もほとんど剥がれていなかった。

「シミとか出てきたら、それを隠すように、上に塗ったりとか、壁紙貼ったりとかするっていう可能性がけっこう高いと思うんですよ……」

長尾は不穏なことを言う。

「だから、もしかしたらこの壁紙の後ろにそういうシミがあるのかもしれない……ですよね」

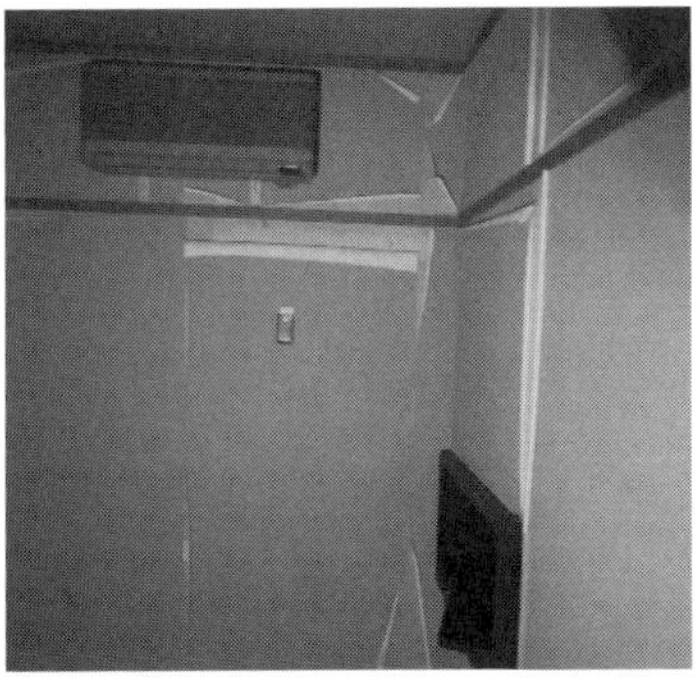

「杉」は皆口と長尾にまかせ、俺と内田は隣にある「梅」のバンガローに入った。

「めっちゃ普通の部屋……っていうか、キレイ」

意外なことに思っていたより、ずいぶんまともな状態だった。

「お邪魔します」

一声かけて、中に入る。小さめのバンガローで、玄関近くにユニットバスがあり、6畳程度のリビングキッチン、寝室の2部屋しかない。二〜三人用くらいのサイズだ。

天井が剥がれている部分もあるものの、ユニットバスなどは今でも使えそうな状態だ。姿見も置かれているし、旅館によくある、湯呑と茶菓子が入った桶がそのままきちんと置かれていたのには、少し笑ってしまった。

そしてシミは……見当たらない。

次に俺と内田が「紅葉」に入ろうとしたが、施錠してあって中に入れなかった。
外にいた皆口に報告すると、驚いた様子だった。
「鍵が閉まってる？　この状態で……ですか？」
窓は開いてないのかと皆口が言うので、確認したが、どこも開いていなかった。

奥にあった「楓」に入る。扉はボロボロになっていた。室内もかなりボロボロの状態だが、誰かが故意に荒らしたという感じではない。経年劣化で傷んだという感じだ。

床もボロボロなので、長尾が乗ったら踏み抜いてしまうかもしれない。基礎の部分に足を乗せて、慎重に中を進む。

シミもたくさんあったが、人形には見えなかった。

その後四人で集合し、道沿いに進んでいく。

今までとは出で立ちが違う、かなり大きいバンガロー「松」を見つけた。先程までのものより大きく、ベランダもあってバーベキューができそうだ。

だが鍵が閉まっていて中に入ることはできなかった。窓も閉まっている。

入れないバンガローがあり、皆口は残念そうな顔をしていた。

それにしても、一部だけ鍵をかけて入ることができなくするのには、強い違和感がある。

長尾は「何か意図があるのでは」と言っていたが、誰が何のために閉めたのか、理由が想像できない。

これで7軒。

いったん管理棟に戻ってよく見ると、戻ってきた道以外に左右に分かれる道があった。

ここからはまた二手に分かれることにする。

「番組史上初！　トランシーバーを導入しました」

皆口が急に陽気な声で言うと、トランシーバーを手渡した。スマートフォンの時代になっても、ごっついトランシーバーは男心をくすぐる。それに、すぐに電波が繋がらなくなる携帯よりも安心かもしれない。

俺と長尾は坂を登っていく左の道を、内田と皆口は下に行く右の道を進む。

内田＆皆口

「生い茂ってるんだか、ひらけてるんだかわからないね」

「そうね、でもまあ、さっきのところよりかは歩きやすいわ」

進んでいくと「うぐいす、つばめ、すずめ」と書かれた看板が出てきた。もう1軒書いてあるようだが、崩れてしまって読み取れない。

鳥シリーズのバンガローだ。管理棟にあった棚に貼られたシールから考えると「はと」かもしれない。

しばらく歩いていくと「すずめ」を見つけたので中に入ろうとするが、ここも施錠されていた。

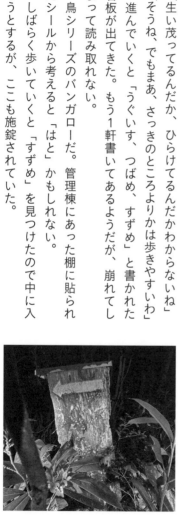

俺と長尾は坂道を登っていく。

「こういうとアレかもしれないですけど、何もなくないですか？」

たしかに何もない。ただ、道はあるのだから、何かしらはあるのではないだろうか？

……と思いたい。

長尾は管理棟の棚に書かれた名前について、先程まで皆口と話していたらしい。

「たぶんあれ、グレードに分けられてるのかなって。リーズナブルなところだと集落というか、密集してあって、ちょっと離れにグレードの高いところとか」

長尾が推理しながら話す。

たしかに7軒目の松は他より広く、一番奥の少し離れたところに建っていた。

「キャンプだったら炊飯場があって、バンガローがあって、って思いますけど、炊飯場見当たらないですもんね。温泉みたいなのもないし」

ということは、シンプルに泊まりにくるだけの施設だった、ということか……。

「で、言ってた、お墓を取り壊して建てたんじゃないか？　みたいな……」

そこで急にトランシーバーが鳴り、内田の声が聞こえる。

「バンガロー2軒発見しました」

内田&皆口

内田と皆口は、発見した鳥シリーズ2軒目の「うぐいす」に近づく。

「うわ……待って。ちょっと……」

皆口が声を上げて、扉を照らす。扉にはなぜか鍵が刺さっていた。

挿しっぱなしになっていたせいか、回らなくなっていた。扉は開かない。鍵についている札もボロボロでもう何が書いてあったかは読めない。

20分ほど坂を登り続けていたら、1軒も発見することもなくどうやら山頂に着いてしまった。月明りで周りの山々が見える。日中だったらきっといい景色だっただろう。

さすがに戻ろう、ということになり、一応周囲を確認しながら来た道を戻る。

道の両側は木が生い茂っているのだが、一部だけ木がない場所があることに気づいた。奥に少しだけ空間がありそうだ。

「これ……行けるの？」

長尾は半信半疑のようだが、よく見るとタイヤがあって道っぽくなっている。

少し進むと、大量のタイヤが捨てられており、階段が出てきた。

階段を上ると、建物の跡らしき場所が見つかった。だが、お風呂場と基礎部分しか見つからない。建物を取り壊した跡のようだ。

「16軒目って……これじゃないよね？」

「幻の16軒目？　けっこう山上がってきましたよね。離れ中の離れというか……。オーナー用とも考えにくいですけどね。まあでも建物がここには絶対にあったっていうのが、確実に言えますね」

俺は、トランシーバーで内田に連絡を取った。

内田&皆口

隣にある「つばめ」は開いていた。

壁紙や天井は剥がれていて、床も抜けそうだ。

「うーわ、すごい荒れてるな……」

奥の部屋に向かった内田が、壁を懐中電灯で照らす。そして固まった。

「え……え？　これか⁇　これじゃないですか？　違う？」

「うわ……」


皆口が引きつった声を上げる。

二人とも、シミが人の形に見えていた。

内田がすぐにトランシーバーで連絡を取ろうとするが、なぜか電波は届かなかった。

「え、待って。髪の長い女の人？」

「真ん中が……女性。左もショートヘアの女性かな……あ、いや真ん中がたぶん男の人じゃないかなって思うんだけど……」

内田が壁を見ながら答える。

皆口が言う。

「さっき長尾くんと話してたんだけど、そういう変なシミができたら、普通壁紙を貼り直したりして隠すって……言ってたの」

「あ、ちょっと待って……壁紙剥がれてる？」

「そう、壁紙の下にあるの」

「うわあ、気持ち悪……マジ？」

シミは剥がれた壁紙の下にある。隠そうとして壁紙を貼ったが、その壁紙すら剥がれてしまったのだろうか？

落合とは連絡が取れないまま、いったん外に出て二人は話し続ける。

「最初見たときに、普通に『ああ、三人いる』って思った」

「え？　三人？　俺……二人しかわからなかった」

皆口の返答に、内田は「もう〜」と絶望混じりの声を上げた。

合流して早々に
「見つけちゃったかもしれない」

と皆口が言った。

そのまま四人で、シミのあるバンガロー「つばめ」に向かっていった。

「一人ずつ入ってください」

皆口に指示され、まずは長尾が入る。

「白いのが……一人。横向きって感じですか？　一番背高い方……。3、4等身くらいの顔のデカいのが一人……の二人」

長尾には二人に見えるらしい。

「一番右壁の方にも〝壁紙の裏〟に絶対これいるだろうなっていうのはありますけどね……」

長尾が出てきて、最後に俺がバンガローに入る。

入って左の部屋に向かう。

「あー……あー……うわあ」

思わず声が出る。

たしかに壁には、人のようなシミが浮かんでいた。俺には二人に見えた。髪の長い女性のシミが一番目立っている。

怖いというより、「なるほど……」という感じだった。なんだか納得ができた。

「たしかに〝人形〟って言われてみると、〝人の顔〟に見えるよ……本当に」

バンガローに入ってきた三人に言う。


「せっかく、このシミ見つけたので、この部屋で実証実験、久しぶりにやってみたら、シミの人数もわかるんじゃないかなって……まーくん」

皆口に急に指名された内田は固まった。

「とりあえず何かあったら、トランシーバーで連絡しますんで、すぐに助けに来てくれますよね？」

「…………」

「だからなんで何も言わないの！」

シミを撮影する固定カメラをセッティングし、絶望しかない内田を置き去りにして、実証実験が始まった。

「建物がもうボロボロです。で、虫も多いです。すごくね、帰りたい……早く」

怖さをまぎらわすために、内田は室内で一人話し続ける。

俺たちはバンガローから10メートルほど離れて待機する。待っている間、皆口と長尾はいろいろと考察をしていた。

バンガローは、10軒見つけたうちの4軒は施錠されていた。長尾は管理者が鍵を閉めたのではないかと言う。

「もう使う気がなかったから鍵を閉めてるっていう方が筋は通るかなって思うんですよね」

たしかに、侵入者のいたずらだとしたら、もっと部屋も荒らされていていいはずだ。

「営業していたときから『ここは使えませんよ』って鍵をかけた……まま辞めた」

「消しても消してもシミが滲み出てくるから、鍵を閉めて」

皆口の言葉を長尾が引き継いで言う。

「そこはもう使わせないよっていうのが……筋通るかなって」

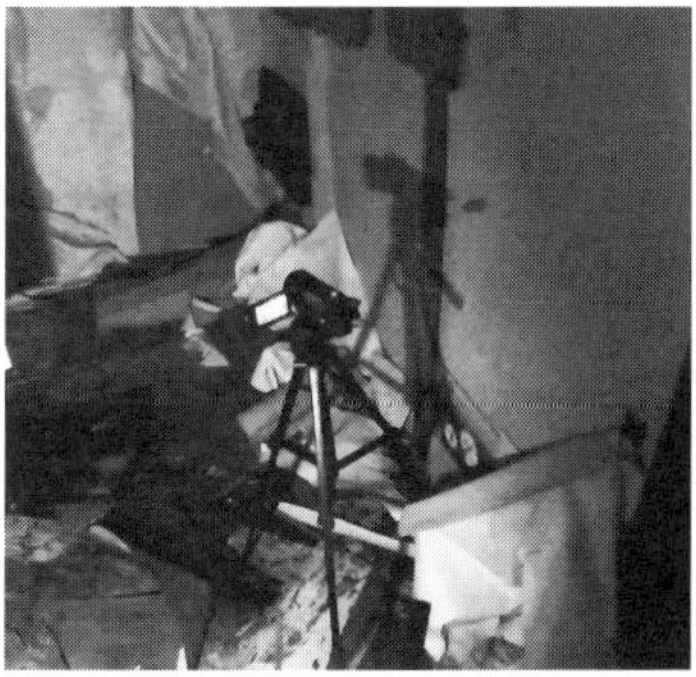

内田から、トランシーバーで連絡が来る。

「バンガローの近く歩いてたりはしないですよね？」

「歩いてないです」

「えー……了解しました」

腑に落ちない様子だ。どうやら物音が聞こえてきているようだ。


皆口が唐突にシミについて話し始めた。

「増えたんじゃないかって思うんだよね。なかったんじゃない？　閉園時には？」

「増えていくだろうっていうのは思いますよね……」

長尾が同調する。

「そんな超常現象ってないじゃないですか？　人形のシミが増え続けるなんて。元墓地だったっていうのもそういうところからきてるのかなって」

墓は、俺と長尾が登っていった山に実はあったのかもしれない。その墓が取り壊され、霊たちが下りてきて、バンガローのシミになった。

そしてシミは増え続けている。

今も……。


「すいません、聞こえますでしょうか？　ごめんなさい、ちょっと……いったん戻ります」

内田から焦った声で連絡が来て、パニックになった様子で、大慌てで出てきた。

「シミはもう複数に見えるわ、嫌な気配はするわ……えーなんだ？」

混乱して、まだ話し続けようとする内田を止めて俺は
「いやよかった。よかったよね、本当に。ありがとう」

と肩を叩き、彼をたたえた。

実証実験を始めてから15分は経っていた。かなり頑張ったと思う。以前の内田だったら1〜2分で出てきただろう。

正直、俺も実証実験が自分じゃなくてほっとした。ペンライト1個で、あの空間にシミとたった一人で一緒にいるなんて、考えただけでも怖い。


今回はゾゾゾ史上もっとも疲れた撮影になった。

そもそも昼間も山道を歩き、蛭に刺されまくっていたし。夜の撮影も4〜5時間はかかった。歩きっぱなしで足が棒になった。

ホテルに帰るともう深夜だった。もちろん宮崎名物のチキン南蛮が食べられるレストランなど開いておらず、今日もコンビニ飯だった。

そこからホテルでオフトークも撮影した。

さすがに限界を超え、クタクタのままベッドに潜り込むとすぐに意識を失った。

動画が公開されてから改めてシミを見たが、やはり俺には内田の言う、三人目のシミは見えなかった。

コメント欄を見てみたが、シミの人数は人によってバラバラのようだ。見えないと言う人もいれば、複数見えると言う人もいる。人によって見えるシミの人数が違うというのは、どういうことなのだろうか。

そもそも、勝手にシミは一人だと思っていた。まさか二人に見えたり、三人に見えたり、ましてや鍵が閉まっている部屋にはもっといたのでは……なんて、考えてもいなかった。

そして、今でもシミは増え続けているのだとしたら……。

「ひょっとしたら、あそこには途轍もない量のシミがあるんじゃないか？」

俺は、すべてのバンガローが徐々にシミに侵されていく様子を想像して身震いした。

内田の耳には、実証実験の間、ずっと音が聞こえていたという。それはひょっとすると新たなシミが滲み出てくるときの音だったのかもしれない。

【閲覧注意】

次のページに、問題のシミの写真があります。

それが「人形」に見えた場合、呪われる可能性があります。

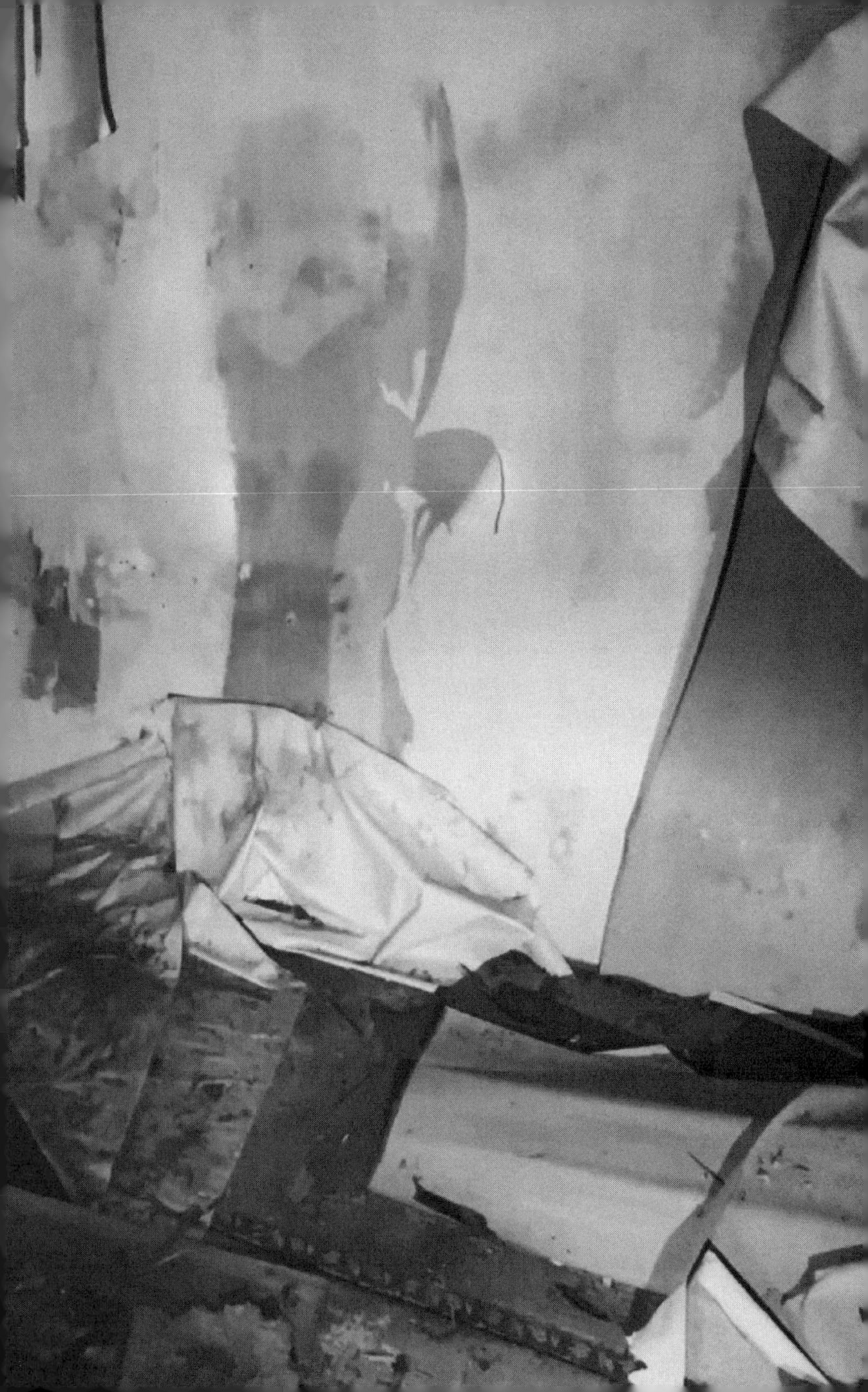

記憶を頼りに描いたMAP

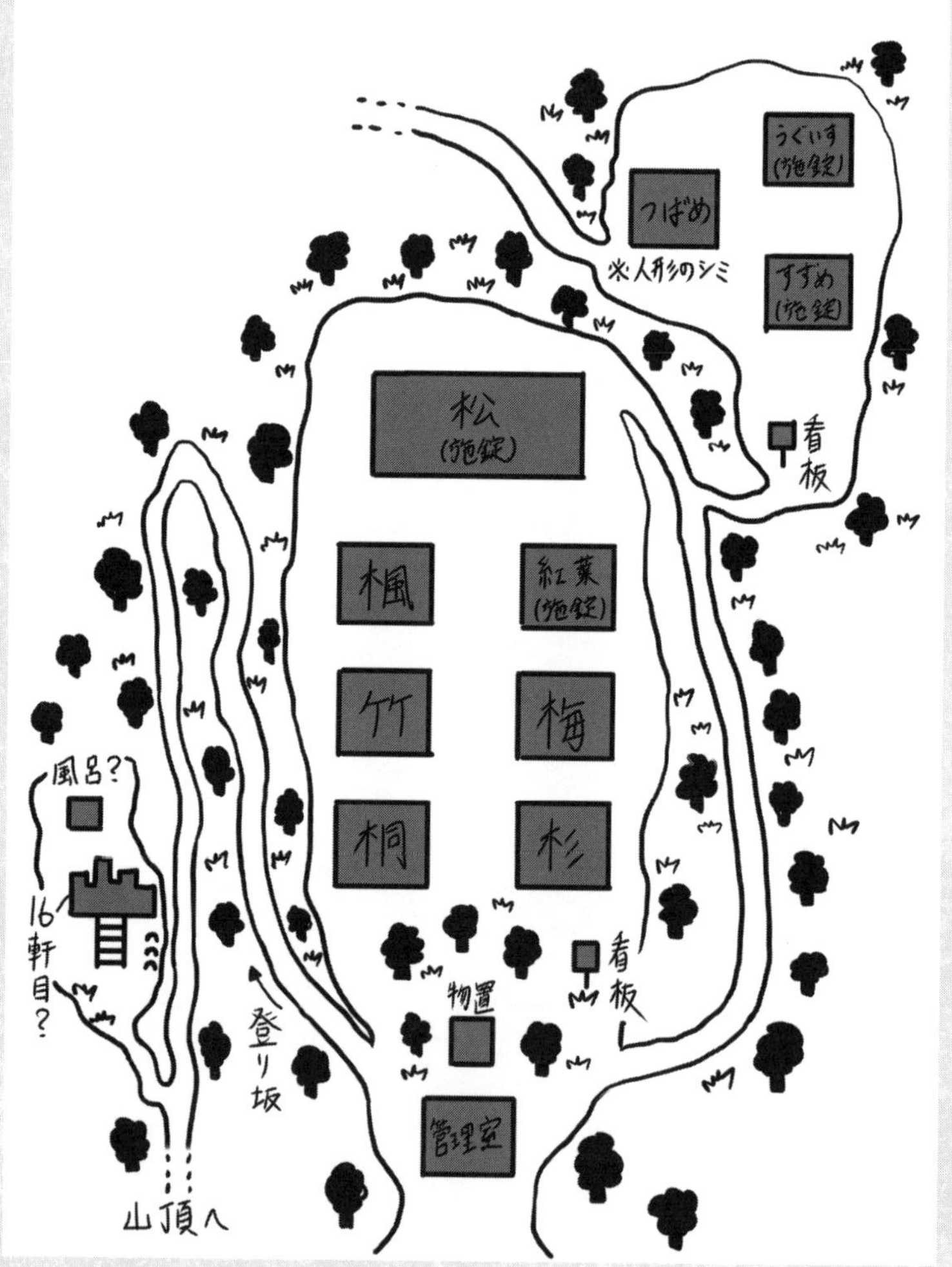

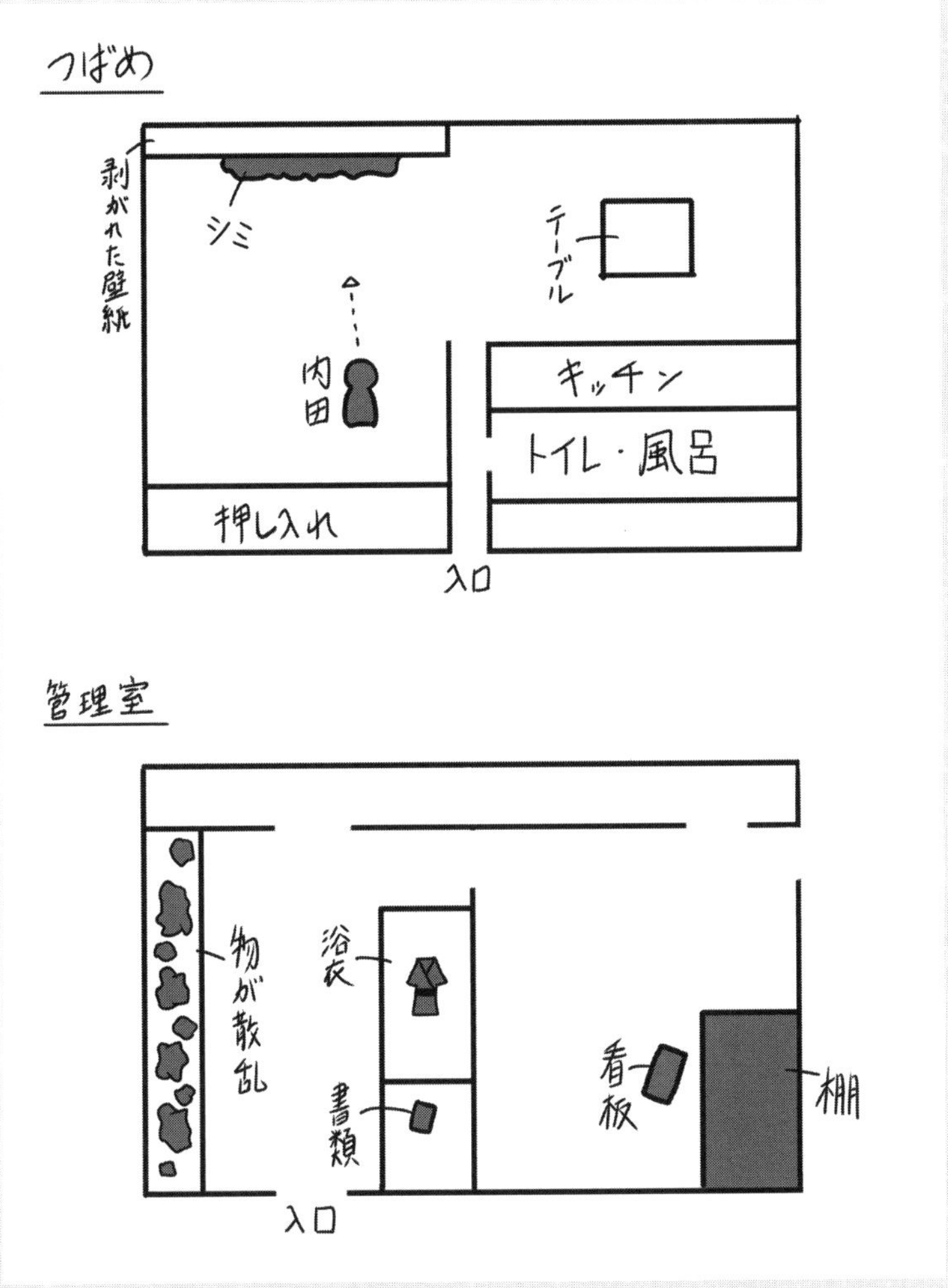

※実際のものとは違う可能性があります。

OFF SHOT

ひたすら歩き続けた1日。

まーくんもさすがに疲れた様子。

7章

捨てられた心霊写真

「すてられたしんれいしゃしん」

拾ったら死ぬ……心霊スポットに
捨てられた噂の写真を追え！
謎の一軒家を巡る恐怖の全記録。

いつもなら落合の目線で物語が進められるのだが、今回のエピソードでは落合は部分的にしか参加していない。内田、山本、長尾も同じく。

全体像を把握しているのは、自分だけなので、「群盲象を評す」状態になることを避けるため、今回は皆口の視点で振り返っていこうと思う。

きっかけは2020年、ゾゾゾのサブチャンネルである『家賃の安い部屋』に届いた一通のお便りだった。

「心霊スポットに捨てられていた写真　ポーラさん（新潟県）
違うクラスの人の話なのですが学校で騒ぎになった写真があります。地元の心霊スポットに落ちてた写真なのですが、どこかの家が写っているすごく不気味な写真です。
拾った人が卒業前に事故死してしまい、それ以来〝見たら死ぬ写真〟だと騒ぎになりました。自分も友人達とその心霊スポットに行って、本当に写真が捨ててあるのを見ました。20枚くらい散らばる様に捨ててあって、全部どこかの家の写真で人は写っていませんでしたが、写真の裏には『高垣』と書いてありました。気持ち悪くて持って帰りませんでしたが、たぶん今もあそこに残っていると思います。
興味があれば是非写真を探してみて下さい。××〇〇の△△という場所です。」

このお便りが届いたのは『家賃の安い部屋』のステイホーム特別編で心霊写真を募集したときだった。おもしろいとは思ったのだが、肝心の心霊写真がないのでは、放送ではまとめにくい。不採用にさせていただいたが、その後もずっと頭の隅に引っかかっていた。

コロナ禍真っ最中で、いろいろな企画が進められなくなってしまっていた。ゾゾゾのセカンドシーズンも止まってしまったし、夏の特別編も撮れない。

自分の中で、なんとも欲求不満が溜まっていた。

部屋で一人うずうずしていたとき、

「あ、そうだ。あの手紙を追いかけてみようかな？　うまくいけば20分くらいの動画にはなるんじゃないかな？」

と、ふと思いついた。

『家賃の安い部屋』は長尾の部屋で撮影しているが、前に一度長尾がカメラにハマっているときに、番外編として外に撮影に行ったことがある。それの第二弾としてどうだろうか。

落合と長尾には別々に連絡して集まってもらった。今回も詳細は伝えていない。普段のゾゾゾで「どんな心霊スポットに行くか」を共有しないのと同じだ。

現場で目的を告げたときの、驚いた顔が撮りたい。

夏のとある日に、お便りに書いてあった「××○○の△△」に行くことになった。

ちなみにお便りをくれたポーラさんは新潟の方だが、このスポットは新潟ではない。心霊スポットとしては有名な場所ではなかったので、名前や場所は完全に伏せた。

事前に調べると、かなりの山の中だったので、久々に熊撃退スプレー「ポリス・マグナム」と熊よけの鈴を用意した。「ポリス・マグナム」はホラーゲーム『SIREN』の羽生蛇村《はにゅうだむら》のモデルになった「岳集落」に行ったときに購入したのだが、有効期限が切れていたので、新たに買い直さなければならなかった。

実は岳集落に行くときに「ポリス・マグナム」を1回試し撃ちしたことがある。

熊撃退スプレーは撃つと唐辛子の刺激成分を粉にしたものがバッと出るのだが、落合が撃った途端に風向きが変わって、後ろで待機していた自分たちの方に粉が飛んできて、大パニック。ボロボロ涙を流しながら逃げたという、切ない思い出がある。

「家賃の安い部屋のお時間がやってまいりました！」

「これ本当に家賃の撮影ですか？」

「え……これ家賃の撮影なの？」

山道の入口で告げると、落合と長尾はかなりとまどっていた。ゾゾゾの撮影だと思っていたらしい。今回は『家賃の安い部屋』の撮影なので、落合がスペシャルゲストだ。

この山も岳集落に負けず劣らず、だいぶん深い山だった。

舗装されている道はあるが、あたりに民家は全くない。途中から舗装もなくなって、砂利道になった。山道で砂利道はあまり見たことない。

最初、Googleマップで調べたら「12分かかる」と出たが、歩けども歩けども全然着かない。どうやら自動車で12分だったようだ。

まあまあ険しい山道を、1時間以上登った。数多くの心霊スポットに行ってきたが、ここまで辺鄙な場所もめずらしい。

何もない場所に急にカーブミラーが出てきたのにはなぜか焦った。一体、何のためのカーブミラーだろうか？

同時に、「ピー」という笛のような音が定期的に聞こえてきた。鳥なのか、虫なのか、わからないが……。鳴っているのが、目的地の方からで、気味が悪かった。

突然、ひらけた場所に出た。

Googleマップを見ると目的地付近に神社のマークがあって、そこがゴールだろうと思っていたのだが、少なくともそこには神社はなかった。

「登山道入口」と書いてある標識があり、古いプレハブとボロボロの祠が建っていた。そして何かを埋めたような、瓦礫の山がある。

だが、他には何もない。砂利道もそこで終わってしまっていた。しばらく周りを捜索していたが、特に何も見つからない。このままだと編集のしようがない……。

仕方がないので、もう一度瓦礫の山を見る。これが唯一、不自然な痕跡だ。

瓦礫の山の上には非常食の「生命のパン」の空き缶が置かれていて、雑に木の棒が刺さっている。

「これは何状態なの……？」

目的がわからない。

「おおっ!!　……え……」

空き缶に手を伸ばそうとした長尾が、急に声を上げる。

見ると、瓦礫の山に、紙切れが挟まっていた。

「拾っていいですか……？　足すごい痺れてる……なんだ……？」

長尾がつぶやく。

そして、紙切れを瓦礫から取り出した。

紙切れは、和室の写真だった。テレビが置かれているが、殺風景な部屋だ。

少し焼けた跡が残っている。

そして、お便りの通り、裏には手書きで〝高垣〟という名前と住所が書かれていた。

「怖い」とか「うれしい」の前に、驚きの感情が先立った。

「何年か前に投稿者の方の見た写真が、そのまま残っているなんて……」

まだ、自分たちが何を見つけたのか、考えを整理できていなかった。

写真は湿っている。石に挟まれていたおかげで、ぎりぎり雨風をしのいでいたのかもしれないし、裏の名前と住所がボールペンで書かれていたのもよかったのかもしれない。水性マーカーだったら、たぶん文字は消えていただろう。

瓦礫を全部どけていったら、写真が他にも出てくるのではないか。

そう言うと、

「可能性はあるけど……ちょっと俺はマジでやめた方がいいと思う」

と落合に止められたので、諦めた。

実際かなりの量があったので、どけたり戻したりしたら数時間かかりそうだ。

「写真燃えてるってことはさ、燃やされたってことだよね？」

「そうですね。他の写真は全部燃やされたけど、1枚だけ燃えきらずに、残った……？」

自分の問いに、長尾が答える。

他にも燃え残ったものがあるのではないかと、瓦礫の周辺を探すことにした。


プレハブの近くでもう1枚切れ端が落ちているのを見つけた。かなり状態が悪いが、やはり室内の写真で、扇風機が写っているようだ。

捜索を続けていると、時折ガソリンっぽい匂いがする。

バラバラと木材が落ちている近くに、燃えた跡のある木を見つけて長尾が言う。

「心霊スポットが燃えてなくなったのであれば、その建物の中にあの写真があって……」

あの写真は、その残骸ということなのだろうか。


「ありました！」

ハイキングコースのような細い道を探していた長尾に呼ばれて、駆け付ける。

200メートルほど進んだところに、それは落ちていた。やはり室内で、階段が写っている。

「これ……上にいるの、人の足かな……」

写真の階段の上には、たしかに足のようなものが写っていた。1枚目を拾う前に長尾が「足が痺れてる」と言っていたのが、妙にリンクしてリアルに感じた。

小一時間ほど探して、結局写真は3枚しか見つからなかった。元々約20枚あったうちの3枚だから、多くはないけれどそれでも御の字だ。

そもそもお便りには、

「拾った人が卒業前に事故死してしまい、それ以来〝見たら死ぬ写真〟だと騒ぎになりました」

と書いてあった。拾って持って帰る人がいるのだから、枚数は減っているはずだ。

持って帰った人も、どうせなら心霊写真っぽいものを選んだだろうと思う。だから残された写真はそういう感じがしないのかもしれない。

「たぶん同じ家ってことでいいんだよね？」

二人は頷く。

裏面の住所、名前はすべて同じものだ。

「生活感がありそうでなさそうなイメージなんですよ……不動産とかである物件紹介の写真か、旅館っぽいような感じ。ロッジとかの写真を紹介で撮ったのか、住所に書いてあった場所が廃墟で、その廃墟の写真を撮った……」

長尾が3枚の写真を見て、つぶやいた。


写真に住所が書いてあったのを見て、素直にうれしいとは思えなかった。

「終われなくなった……」

と思った。

しかし、調査を続けていったところで、そこに撮れ高があるかどうかは未確定だ。不安がつのる。


そのとき、落合が言った。

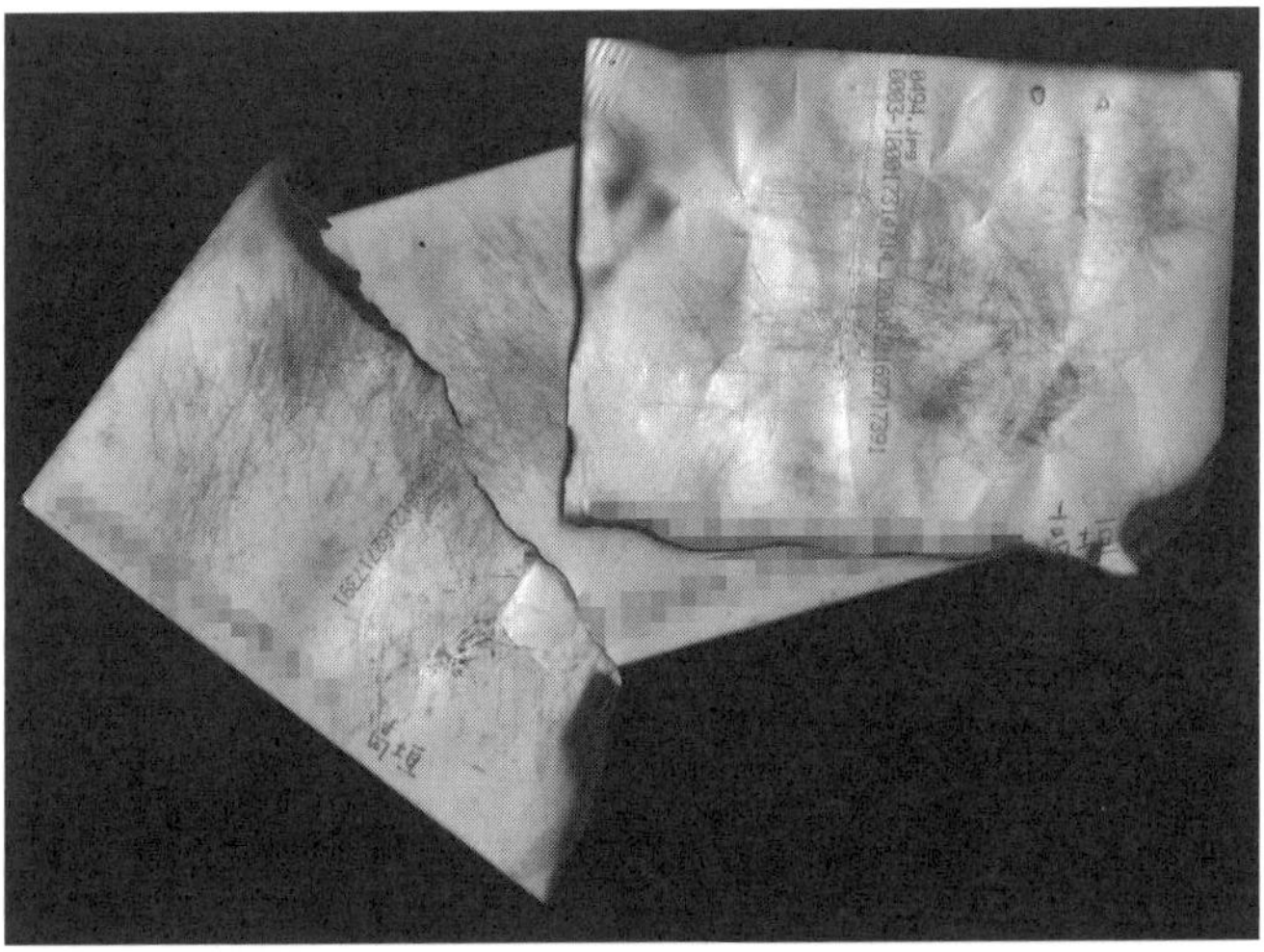

「住所はわかったから、調べるんだったらすぐ調べて、何かあるんだったら、そこハッキリさせる……のはした方がいいんじゃない？」

その言葉でスイッチが入った。


とりあえず、落合には内緒でスタッフだけで調査を進めてみようと思った。

数日後に、内田と山本に調べたいことがある、と連絡を入れて池袋に呼び出す。

二人とも、落合も長尾もいないので不思議そうな様子だ。

「あの、実は先日、撮影行ってきたんですよ」

「え？」

声をかけずに撮影に行ったことを、内田は少し怒っているようなので、慌てて説明する。

「軽い撮影のつもりだったんで……ゾゾゾの番組本編の撮影ってよりは、サブチャンネル的な感じの……。ちょっとそこで、おもしろいもの見つけまして」

経緯を説明し、山本の運転で写真に書いてある住所に向かった。

そこは特筆することもない、ごく普通の住宅街だった。

内田が、壁に貼られている番地から目的の家を見つけた。多少古びてはいるものの、立派な日本家屋だ。日中にもかかわらず雨戸が全部閉まっていて、生活感はない。

玄関に貼られた御札は、中央から破れていた。

一応無人なのか確認するために、扉をノックしてみたが、誰も出てこなかった。

ここまで来たんだから、所有者が誰なのかを調べたい。その足で、物件がある地域を管轄している役所に移動した。

ゾゾゾを続ける上で得た方法論なのだが、廃墟など、調べたい物件があるときは「登記簿謄本」を取る。

登記簿とは、登記所に保管されている、不動産の記録だ。誰でも利用できる。面倒くさいのは、番地じゃなくて、地番という数字が必要なところだ。地番は一筆（土地の数え方。登記簿で、1個の土地とされたもの）ごとに番号が振られたもの。その番号を調べるには、そこを管轄している役所にわざわざ行かなければならない。

関東ならまだしも、広島だとか、北海道だとかになったら、大変だ。インターネットの時代なのだから、クラウドで情報共有してくれればいいのに……と切に願う。

地番を入手したら、法務局のサイトに問い合わせて、その土地の登記簿を取得すれば、所有者の名前だったり、どのような不動産なのかを知ることができる。

役所で地番を調べ、その足でファミレスに行く。インターネットで地番を元に登記簿を取得し、所有者の情報を見た。

「〝高垣〟じゃない……」

つい声が漏れる。そこに載っていた名前は、高垣ではなかった。

一軒家の所有者は山村史子（仮名）さんという人だった。そして、現住所はあの家ではない。

「あの家には誰も住んでないっていうのは、かなり可能性としては高いよね」

「貸してて誰かが住んでるとかって可能性もありますよね？　借りてる人が高垣……？」

内田の言葉に、推測を述べる。

いずれにしても、かなり広範囲の話になってきた。

投稿者…新潟県

写真を拾った心霊スポット…T県

写真の裏面に書かれていた住所…S県

一軒家の所有者…K県

関わる場所の住所はすべて別の県なのだ。

写真に書かれていた〝高垣〟とは何者なのか？

そして、誰がなんのために住所を書いた写真をばらまいたのだろうか？

後日、所有者である山村さんに取材依頼の手紙を出した。

「山中の心霊スポットに写真が捨てられていると番組に投稿がありまして、我々が実際に行ったら山村さんの所有している家の住所と〝高垣〟と書いてある写真が3枚見つかりました。その写真の経緯や詳細を伺いたいのと、もし可能であれば、あの家の中を撮影させていただきたいと考えています。」

数日後、所有者の山村さんからお電話をいただいた。たまたま電話に出たのは自分だった。この瞬間、とても怖かった。

連絡が取れたのはうれしかったのだが、この扉を開いたら、もう戻れなくなる……という、追い詰められた気持ちになった。

名前や住所が特定されない条件で、取材許可が下りた。

内田は予定が合わず、山本と二人で所有者のご自宅に伺う。

どのような話が聞けるかは全くわからなかったが、なんとか今回の訪問で動画の落としどころがつくといいなと思っていた。

家に伺うと、物件の所有者である山村さんが対応してくれた。心霊スポットには似つかわしくない、いたって普通の女性、という印象だった。電話で「ゾゾゾのファンなんです!!」とは伺っていたのだが、階段の踊り場にゾゾゾのポスターが置いてあるのを見て、「本当に観てくださっているんだなあ……」と不思議な気持ちになる。

山村さんに、写真と裏に書かれた書き文字を見てもらう。

「え……これなんで？　……元の私の実家の住所です」

「心当たりは？」

「いや、全く……」

写真がばらまかれた経緯も〝高垣〟という名前についても、一切心当たりがないと言い、ただただ困惑した表情を浮かべる。

この家には山村さんのご両親と、四つ下の弟さんが住んでいた。弟さんはご両親の介護をしていて、ご両親が亡くなった後もそのまま住み続けていたそうだ。

弟さんは家を売却したいと考えていた。不動産屋に渡すために、同じような写真を撮っていたかもしれない、と山村さんは赤い箱を運んできてくれた。

その中から取り出した2枚の写真は、山中で拾った写真と同じ家のものだった。ただし写真を裏返しても、何も書かれていない。

長尾の推察通り、写真は不動産用の資料だったのだ。

山村さんが受け取ったのは2枚だけだった。

山本が弟さんの現在の様子を聞く。


「弟さんは今どちらへ？」

「弟は亡くなっちゃって……」

「あ、すいません……」

「自殺しちゃったんですけど……」

「…………え？」


ドキリとした。

5年ほど前に弟さんは亡くなり、それ以来、あの家はそのままらしい。

赤い箱には弟さんの写真がたくさん入っているのが見えた。学生時代の写真や、友人や家族と写っている写真。その箱は、弟さんを主人公とする思い出の箱だった。

山村さんは、関係ない話かもしれないけど、と言いながら弟さんから亡くなる直前に聞いた話を教えてくれた。

「お姉ちゃん、ちょっと、お経聞こえるんだよねって」

そのときは「まともに受け取っていなかった」と話し、山村さんは涙をこぼした。それ以来、気持ち悪くてあの家には行っていないという。

どうにも居心地が悪くなってきた。


「できれば家に入って撮影したいのですが」というお願いに、山村さんは少し拍子抜けするくらい、快く了承してくれた。

鍵をお借りしたが、鍵が入っているビニール袋は埃まみれで、もう何年も使われていなかったことが一目瞭然だった。

撮影に同行するか伺ったが、

「ちょっと行くのは……」

とお断りされた。


鍵を手に入れたので、まず、内田と長尾に連絡をした。「福島の廃神社」に行く、と全く違う目的地を告げて呼び出す。

内田はうまく騙されてくれたが、長尾は薄々勘付いていた。察しがよい男だ。

「あの……実は今日、廃神社じゃないんですよね」

ネタバラシすると、長尾は「やっぱりか……」という感じで苦笑いする。

「ほら……だから言ってるじゃないですか。僕はもう、オープニングトークをちゃんと撮るまでは信用しないって決めてるんです」

「所有者さんと連絡がついたので、〝あの家〟に行きます」

ピンと来ていない様子の二人に、内田、長尾、それぞれと撮影したこと、山村さんへの取材でわかったことを報告する。

「弟さんがあの家で亡くなったそうです」

そう告げると、二人の顔が引きつった。


落合には『落合陽平の10万ボルトＴＶ』の撮影だと伝え、ディレクターの栗田に現地に連れてきてもらっていた。

「おじいさんが夜から一人でやっているラーメン屋さん」を取材するつもりで来たら、ゾゾゾの撮影だったというわけだ。

自分たちをラーメン屋に並んでいる人だと思って近づいてきた落合は、ゾゾゾメンバーだと気づいて大混乱していた。

説明すると、「本当に調べたの？　よく調べたなあ……」と感心したようにつぶやいた。

あのとき、落合が
「何かあるんだったら、そこハッキリさせる……のはした方がいいんじゃない？」
と言ったから、ちゃんと調べたのだ。

今日の撮影の目的は、

「山中で拾った写真に写っているのが、あの家の内部なのか実際に確認したい」

「階段の上に写っていた足のようなものが何か確認したい」

という二点だ。

それを調べる過程で、他にも何かわかることがあるかもしれない。


あたりはもうすっかり暗くなっていた。

落合に鍵を渡し、開けてもらう。

お借りした鍵は正面玄関ではなく、裏口のものだった。扉を開けて中に入ると、いたるところに蜘蛛の巣が張り巡らされていた。蜘蛛だけでなく、埃もすごかった。机の上も、指で線が引けるくらい埃が積もっていた。

たしかに弟さんが亡くなってから5年ほど放置されているようだ。

廃墟ではないので、靴を脱いで部屋に上がったが、靴下は真っ黒になった。

入った場所は台所だった。

そこには、まるで今でも生活しているのではないかと思うほど、食器や調理道具がそのまま残っていた。

ただ、時間が経ったのを示すように、包丁はガビガビに錆びていた。


逆に室内はとても片付いていた。ただ部屋によって片付け具合には偏りがあるようだ。

キッチンの隣は和室だ。

机の上に、アルバムが置かれていた。貼られた写真は白黒で、かなり古いものだった。

「ちょっと待ってください。このアルバムより、アルバムの下が怖いかもしれないです……」

長尾に言われてアルバムの下を見る。

そこには、3枚の遺影が重ねられていた。

おそらく、山村さんの両親と弟さんのものだろう。

しかし、遺影を誰もいなくなった家のテーブルに放置するものだろうか？

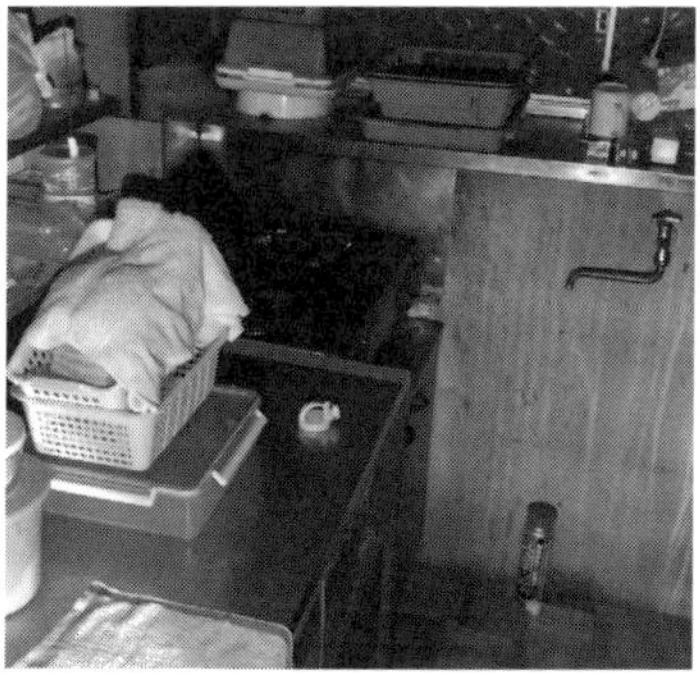

和室を出ると廊下になり、階段があった。写真に写っていたものと同じだ。

足のようなものが写っている階段の上には、何もなかった。実際に人が上に立つと、そのような写真が撮れなくはないと思うが、なぜ不動産用の写真でわざわざ階段の上に立ったんだ？　という疑問が残る。

「ちょっと待って、これさ……線香の灰だよ……」

そのタイミングで落合が階段の下に、線香の灰が落ちていることに気がついた。

なぜ、こんなところにあるのだろうか？

1階にはもう一部屋あったので、階段はひとまず後にして、先にそちらを確認する。

その部屋には神棚があった。

「神様残して……っていう感じだね」

内田がつぶやく。

そして、足のようなものが写り込んでいた2階へ向かう。

2階には三つ部屋がある。

最初に入った部屋には、拾った写真にあった、ブラウン管の大きいテレビが置いてあった。

その部屋には押し入れがあったのだが、雑な感じに改築されていた。

押し入れの上に謎の隙間があり、家の形状から考えると押し入れの形がいびつだ。壁のつなぎ目も変で、ぶち抜いたら奥にスペースがありそうに見える。強い違和感がある。

「別の何かとして使われていた可能性はありますね。何かの不都合があって、押し入れとして利用することにした、とか……」

長尾が推測する。

隣の和室には鏡が置かれていたくらいで、特に気になるものはなかった。
最後に小さな部屋に向かう。そこはフローリングで、物置になっているようだ。そこには大きくて立派な仏壇が置いてあった。
「一軒家だったら、仏間は1階なんですよ……本来2階に置いちゃあんまりよくないんですよね」

長尾はそう言っていたが、仏壇を置く場所の良し悪しは地域によって様々な解釈があるようだ。ただ、「神棚の上の部屋に仏壇を置く」のをよくないと考える人はたくさんいる。そして、この部屋は神棚の部屋の真上にあたる。

そもそも、物置に仏壇を置くのはよいはずがない。

もしかしたら、元々、仏壇は最初は押し入れの場所にあったのだろうか？　何かの事情があって、今の場所に移動した。そしてその結果、この家の不幸が始まった……そんな想像をしてしまう。

押し入れの前に戸を塞ぐように置かれている棚もあった。この家は違和感だらけだ。

「この家の気持ち悪さの根元ってなんでしょうね……」

長尾がつぶやく。

結局おざなりになってしまったが、押し入れはこの家の謎を解く鍵だった気がする。

「写真にあった階段の足って再現できるのか、下からやりません？」

自分がそう言って、1階と2階に分かれて検証写真を撮ってみることにした。

ふと、1階に下りようとした長尾が言う。

「亡くなられた場所にお線香焚くこと、あるっすよね？」

さっき階段で見つけた線香の灰は、ちょうど階段の手すりの下だ。

「たぶん、早く見つけてもらうために、入口で……」

長尾が階段の下の方の段に座る。そうするとちょうど首のあたりに手すりがあり、足元に線香の灰が落ちている形になった。

山村さんには、弟さんの自殺については、詳しくは聞いていない。ただ、首吊りで亡くなった確率は高い。

そして、階段の手すりが首を吊るにはとても都合よく見えた。

階段の下の段に座っていた長尾が、さらにあることに気づいた。そこから遺影のあった部屋を見ると、山中に落ちていた写真の最後の1枚と同じアングルになるのだ。

「あの写真は弟さんが撮った写真だと思ったんですけど、弟さんは全部片付けた状態で写真も撮って、売りに出してて、で、ここで亡くなられたってことですか……?」

扇風機が倒れていて、テレビや炊飯器など、家電も部屋にしまわれている。

人が住む状態ではない。

「身辺整理っていうか……死ぬ前にって思われたのかな」

そのとき、内田の言葉をさえぎるように、

ポーン

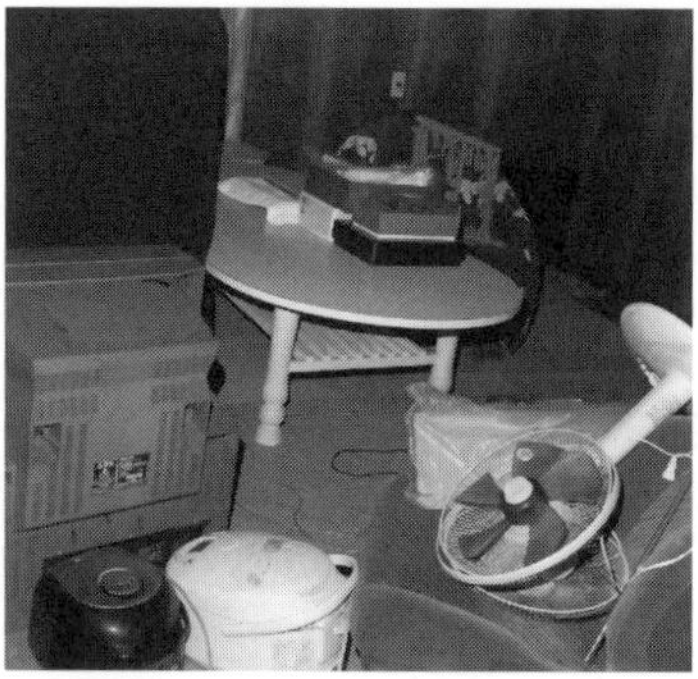

という音がした。

とりあえず、写真を撮ってみようということになり、2階にいる内田と山本を、1階の落合が撮影する。

そのとき、

カリカリカリカリカリ……

ブツブツブツブツブツ……

という音が壁の内側から聞こえてきた。

ネズミかもしれないが、低く唸るようなその音は、お経に聞こえた。落合と長尾にもその音は聞こえている。

「……上の人も怖いと思うので、やっちゃいましょう」

撮影を再開する。

同じアングルになかなかならず、試行錯誤して何回も写真を撮り直す。

結果、階段から落ちるギリギリのところに一人が立ち、その後ろにもう一人が立つと、似たような写真を撮れることがわかった。

「ありえない写真ではないですけど、そこにわざわざ人が立ってたの？　っていう風には思いますけどね……」

長尾の言葉に同意する。

「あと、なんかこれ、だから、1、2、3、4、5本あるってことだよね？」

落合は写真の足は5本に見えると言う。

写真について話している間にも、唸るような音はたびたび聞こえてくる。


何者かによって山中の心霊スポットに大量にばらまかれた〝見たら死ぬ〟家の写真。

「誰かに……なんか押し付けたい感がある。だから、家を売っ払って……」

「誰かに代わりに住んでもらいたかった？」

自分の言葉を引き継いで、長尾が言う。

心霊スポットに写真を捨てたのも、弟さん、本人だとしたら。肝試しに来た人に〝何か〟を、〝呪い〟を、押し付けたかったのではないか。

部屋を写真に撮ってばらまき、それを拾った人間が呪われる。そして、自分は助かる、という流れだ。しかし結果的には、呪いを他人に移すことができなかった。

もっと想像をたくましくするなら、除霊してもらうために、山中の神社にお祓いをお願いしたのだが、結果的に呪いに負けて神社の方が消失してしまった……。

そんなことを考察していると、長尾が、

「死んだ後に撮ってるんじゃないですか？　全部の写真」

と言い出した。

「弟さんが売りたくて写真撮ったんじゃないんですよ。弟さんがこの家で亡くなられて、すべて片付けた状態で撮ってる……」

たしかに、弟さんが不動産売却のために写真を撮ったなら、部屋の写真をわざわざ山中にばらまいた理由がわからない。

ただ、それだと話を聞かせてくれた山村さんが大きな嘘をついたことになる。自分には山村さんが嘘を言っているようには見えなかった。そもそも嘘をつくくらいならインタビュー自体を断ればいい。

彼女にとっては、ゾゾゾに出てもなんのメリットもないわけだから。

「あの、そろそろいいですかね、ここから下りても」

上で待機していた内田が、何かの気配がする、と訴える。

撤収しよう、と言い、機材を片付ける。

長尾はすべてを見透かしたような顔で

「人間が一番怖いですよ。生きてる人間が……」

とつぶやいた。

振り返れば、結局何もわからないままだ。

なぜ、家の写真をばらまいたのか？

写真の裏に書かれた〝高垣〟とは誰なのか？

なぜ弟さんは自殺したのか？

様々な疑問が脳内でグルグル回るのを感じながら家を出る。

時計を見ると、撮影を始めてから2時間くらい経っていた。体感ではもっと短く感じたが。

帰り道に話をしていると、

「遺影見ましたよ。ご両親と弟さんの……。僕と落合さんは見ました」

と長尾が言い出した。撮影終了後、撤収間際に見たらしい。

「え？　どんな方だった？」

「普通の方です。ご年配の方と、あ、この方が弟さんかなっていう……」


写真をきちんと見られていなかったのが、とても心残りだった。

そこで後日、鍵を返す直前に、山本と二人で、もう一度家に入ることにした。

とはいえ、この日は動画の素材撮りがメインで、わざわざ動画に今日のことを入れるつもりはなかった。

裏口から家の中に入り、遺影の置かれているテーブルの前に座る。

まずはアルバムの写真を見る。その写真は山村さんの家の赤い箱の中にあった写真と比べて違和感がなかった。年齢は違うけど、弟さんの顔はたしかにこんな感じだったな、と。

そして、遺影を見る。一応、カメラを回し、山本に1枚ずつ確認してもらう。

「これが1枚目ですね。で、2枚目……」


1枚目と2枚目は、ご両親と思われる男女だった。

最後の1枚を見て、山本が怪訝な顔をして固まった。


「で、弟さん…………え？」


絞り出すように声を上げた。

遺影の写真は弟さんとは、明らかに違う人だった。アルバムに写る人とも、赤い箱の中の写真の人とも違う。

その瞬間、肺腑に菌糸のような恐怖が入ってきた。

恐怖に汚染され、その瞬間、この家の取材を続けてきたことを、痛烈に後悔した。


ここで撮影中に、明らかな心霊現象が起きたわけではない。

そもそも自分は心霊スポットに行くのもあまり怖いとは思わない。

でも、この家だけは、たぶん一人では5分もいられないと思う。

昼夜関係なく、幽霊のいるいないも関係なく、入りたくない。とにかく、怖い場所だった。

何か違和感がある。

ポカンと大きく情報が抜けている気がする。

弟さんがご両親の面倒を見ていたってことは、親子関係は良好だったのだろうし、山村さんも泣くくらいだから、普通に弟さんと仲は良かったんだろうと思う。

嘘をついているとも思わない。

けれど、何か重要なファクターが抜けている気がする。


「台風というものを知らなくて、台風の爪痕だけを見ている」


そんな感じがする。

何かがここを通ったのはわかるけど、その正体はわからない。

この話にはたぶん、大きい何か〝台風〟的な情報が抜けているはずだ。絶対に。

それがわかれば、遺影に映る男性の顔が弟さんと全く違う顔だった理由もわかるのかもしれない、と思う。

ただ、それがわかったら、もっと激しく後悔する予感はするが……。

この家は、現在も売りに出されている。

記憶を頼りに描いたMAP

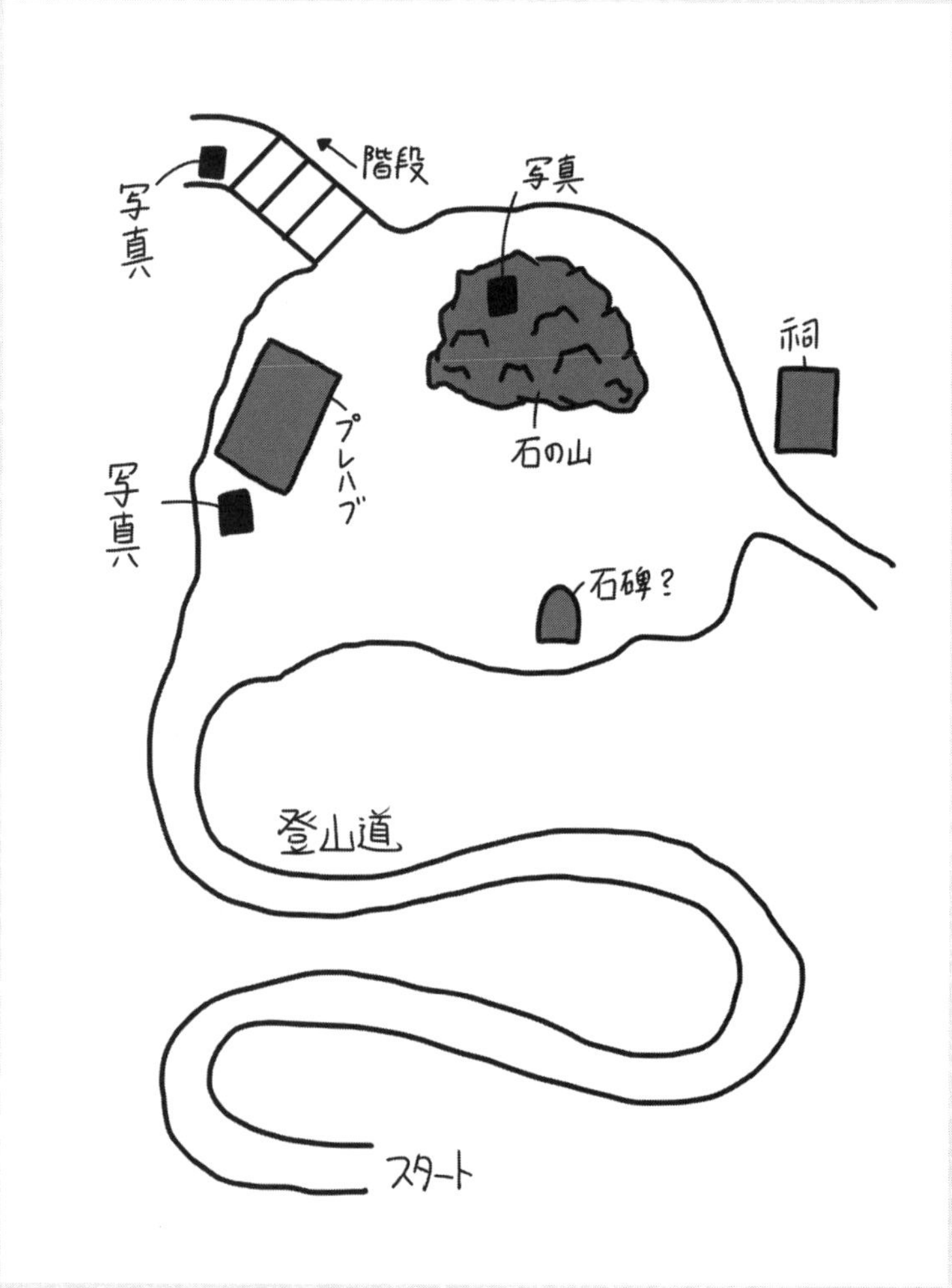

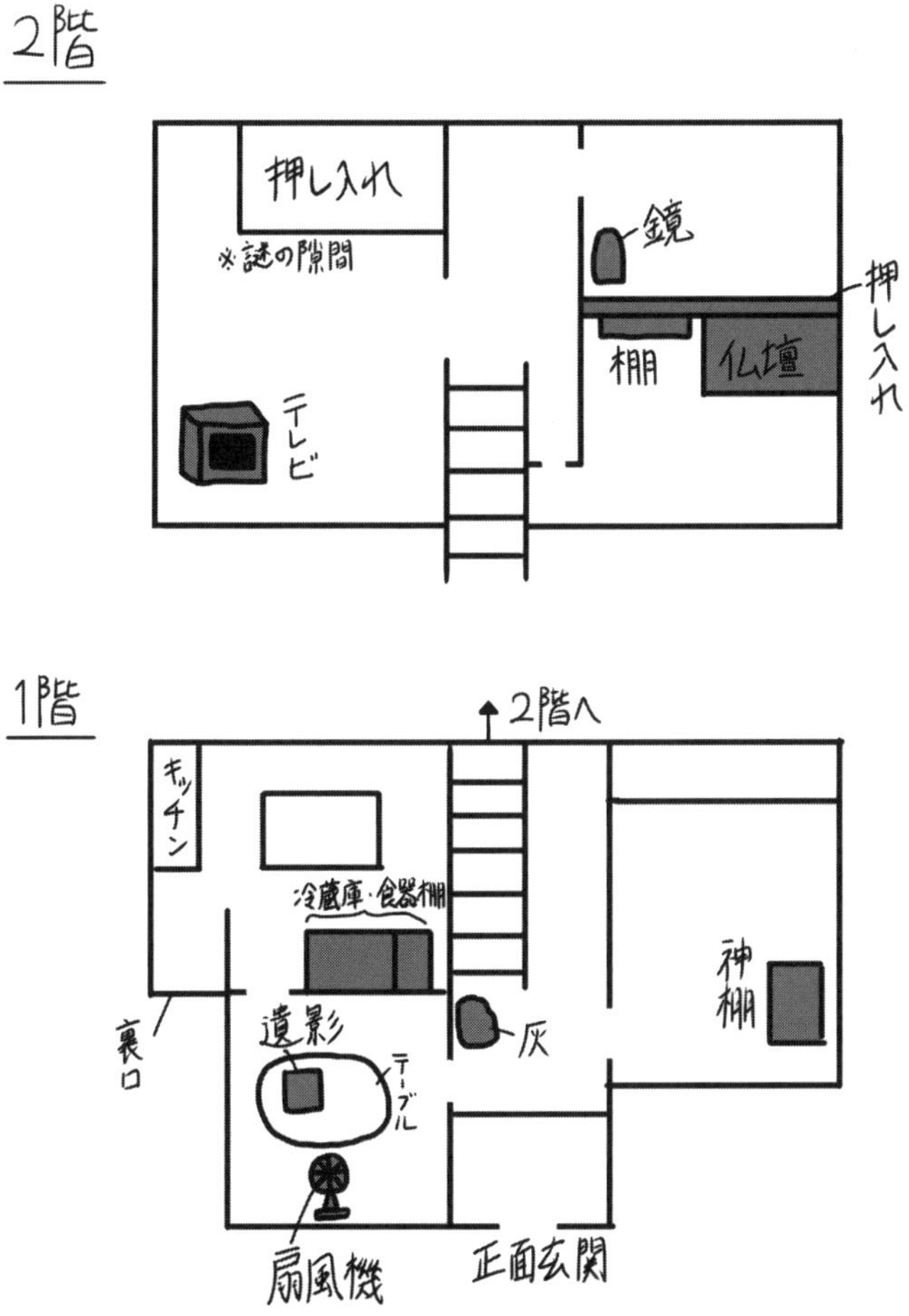

※実際のものとは違う可能性があります。

祝！
ゾゾゾ5周年！

スペシャル
10000字座談会

5周年を祝うために都内のバーに集まったゾゾゾの面々。まずは落合がポンッと軽快な音を立ててシャンパンをオープン。乾杯しながらざっくばらんに座談会は始まった。

――ゾゾ5周年、おめでとうございます！　今のお気持ちはいかがですか？

落合 うーん年取ったね、みんな（笑）。俺がゾゾゾ始めたときは32歳くらい？　今のしょうちゃんより若かったってことだからね。そう考えるとだいぶ長くやってるね。5年経ったら、体力落ちたなって思わない？

内田 体力はさすがに5年も経ったら落ちます。最近はすぐに足に来る気がしますね。前だったら4〜5時間の撮影も当たり前だったけど、今は3時間でもきついね。

落合 一番体力の衰えを感じるのが移動のときの、自動車の運転。昔はずっと一人で夜中まで運転してたけど、今は無理だね。

内田 撮影中の休憩の回数も増えましたよね？

落合 すぐに「休憩！　休憩！」みたいな（笑）。体力の衰えは感じるから、積極的に休みは入れていこうと思っているのもあるけどね。

皆口 自分は編集してるので、ずっとみんなの顔を見てるわけですよ。だから逆に、全然変わったっていう感じはしないですね。

内田 でも、撮影中はあんまり顔に出ないかも。

長尾 元気に始まって、「撮影終わり！」となった瞬間にみんなドーンと落ちるみたいな（笑）。

落合 でも撮影が終わった後のホテルまでの移動中は、昔より今の方がよくしゃべってる気がする。昔はシーンとしてたよね。

長尾 たしかに。セカンドシーズンくらいまでは、まだ距離がありましたね。撮影のときくらいしか会わないですし。スペシャルで遠征行くようになって、一緒にご飯食べるとか、一夜をともにするとか、そういうのを経て関係性が深くなった感じはしますね。

皆口 5年かけてちょっとずつ仲良くなったってこと？

長尾 はい。でも今でも基本的にプライベートの話ってしないですよね？　僕、山本さんのこととか、全然知らないですし。

山本 僕の下の名前、誰にも知られてないかもしれない。僕は5年を経て、みんなを独自のあだ名で呼ぶようになりました。本人がいないときにですけど。

皆口 えっ？　それは悪口ではなくて（笑）？

落合 まーくん、しょうちゃんとかじゃないんだ(笑)。なんて呼んでるの？

山本 「うちゅださん」「おちゅあい氏」「なぎゃおくん」「ぐっちょり」です。(『落合陽平の10万ボルトTV』ディレクターの）栗田さんと話すときに。だから、仲良くなったなって。

内田 「ぐっちょり」は効果音じゃないですか（笑）。でも、本人に言わないって、まだまだだね。

長尾　見た目の変化に関しては各々あるかもしれないですけど、でも老けたなっていうのはあんま感じないですけどね。

落合　たまにファーストシーズンの最初の方の動画とか見ると、まーくんがめちゃくちゃ若い。見た目以外も一番変化を感じるね。新宿の幽霊ホテルのときなんて、全然違うよ。

内田　あの頃の僕はまだ落合さんにだいぶ遠慮してました。今だったら遠慮がなくなってもっとできたはず（笑）。

長尾　今のビジュアル面で言ったら山本さんはめちゃくちゃ変わりましたけどね。

山本　そんなこと言ったら、長尾さんのビジュアルは青から黄に変わったりしましたし。内田さんは玄岳ドライブインのとき、皆口ジュニアみたいになってましたよね（笑）。

長尾　あれ、まーくんはピアスやめたんですか？

内田　今日はたまたま忘れちゃったんですよ。山手線乗ってるときに気がついたんです。「あれ、何か僕、足りないな」って。

落合　5年かあ……。なんか、短かったとか長かっ

たっていう感覚はあんまりないかな。ただ、「まだ5年か」って言っちゃうと、「今後あと5年は余裕でいけるぞ!」ってニュアンスになるじゃん。5年後はだいたいのメンバーが40代で、いよいよだぞ(笑)。

——本書はスペシャル回がテーマですが、スペシャル回ならではの心がけはありますか?

落合 やっぱり撮影の頻度は明らかに減りました。その代わり、行くところが、広かったり、重かったり……。シーズンのときだったら最終回でもいいんじゃない、くらいのボリューム感ありますよね。シーズンだと、トンネルとか公園とか、廃墟だけじゃなくいろいろ混じってたし。まーくんとギャグっぽいことをする回があって息抜きになってたんだけど、スペシャルになってからはなんか全部マジだなあって。皆口くんの圧、気合みたいなのをずっしり感じる。

長尾 たしかにプレッシャーは段違いですね。

皆口 全然プレッシャーをかけてる自覚はないですけど……。ただ撮れ高はやっぱりレギュラーシーズンの頃よりも1回1回ハードルが高いですね。前だったら女の人の声が聞こえただけで大オチになったけど、今はそれくらいでは終われないじゃないですか。

「声は聞こえたけど、それはそうとして」って撮影続行しますね。

落合 わかるわかる。その感覚、やっててわかる。

長尾 でも、我々は基本的にそういうスタンスだったってイメージありますけどね？ 女の人の声が聞こえても、それをすごいピックアップするわけでもないし。だから変わらないっちゃ、変わらない。レギュラーシーズンのときから、毎回スペシャルくらいの気持ちではやってたつもりですしね。危ないとこも行ったし。ただ、就労時間は増えました（笑）。

皆口 スペシャル回ばかりになって真面目になったんですよ。たぶんそれのストレスのはけ口が『ゾゾゾの裏面』に……。

落合 たしかにスペシャル回になってから裏面がやたらおもしろい（笑）。振り切れてるね。

山本 僕はシーズンとスペシャル回は全然違いますね。シーズンだと次があるけど、スペシャル回になって、一つ一つの作品の重要性が上がっているから自分が邪魔しちゃいけないなと思ってて。本当にしゃべらなくなりました（笑）。主役が三人もいますからね!!

落合 まーくんはスタッフじゃない（笑）？

内田 山本さんの言葉数が減ったのは全然わからなかった。いやいや、入ってきてよ！

長尾 山本さんは言葉数が少なくても、ナイフは持ってるんで。鋭利な切り口で話すとき、山本さんの存在感大きいなと思いますけどね。

落合 たしかにね。山本さんがしゃべるときって、みんなちゃんと聞こうとする。まーくんがしゃべろうとしてるときは適当なんだけど。

内田 なんで！

――スペシャル回で印象に残っている回を教えてください。

落合 「捨てられた心霊写真」は濃密だったね。

皆口 「捨てられた心霊写真」に関しては、みんなは撮影時の印象はそんなにないんじゃないですか？　何を作ろうとしてるのか、一切みんなに伝えてなかったから。一応カメラ回ってるから、みんなそれなりにふるまうけど、どこに向かっていったらいいのかわからなかったのかなと。全体像がつかめないまま撮影が終わって、いつの間にか作品完成してたみたいな……。

だから、みんなは作品の印象が強いんですよ。

落合 そうそう。だから見たときに「あっ!!　こんなことになってるの？」っていうのは、たぶんみんな思ったはず。

内田 撮影してるときも終着地点がどこか全然わかってなかったもんね。この家が最後なの？　もしかしたらこの先に何かあるのかな？　みたいな。

長尾　最近、皆口さんに聞いたんですよ。あれはどの作品なんですか？　ゾゾゾなのか、裏面なのか、家賃なのか、10万ボルトなのかって。「一応、家賃なんじゃない？」ってそのときは言ってましたけれども。

内田　ちゃんと登記簿取ってるところとか、撮影の裏側も映していて。視聴者の方にも伝わりやすい作品だったと思うし。僕、一番好きな作品かもしれないです。

落合　でもなんかあれを見たときに、めちゃくちゃおもしろかったじゃない？　すごいなって純粋に思って。でも、ゾゾゾじゃなくて裏面で、当時は驚きだった。今思えば、これが裏面であることの味がなんとなくわかるんだけど。しかも動画公開時の告知もなし。

皆口　全く期待しないで観てほしかったんですよ。ゾゾゾで新作公開って言うと、どうしても期待値が上がっちゃうじゃないですか？　心霊スポット行って、また怖い感じのやつやってくれるんだろうな、ってなっちゃう。裏面だったら「またオフトークなのかな？」ぐらいの、期待ゼロで観てくれる。深夜にプレミア公開したんですが、プレミア公開だと、動画がいつ終わるかわからないですし、サプライズ好きな自分の、理想とする形で配信できました。ただ、もう通用しないなって思います。次同じことやったら、期待されちゃうじゃないですか？

長尾　でもミーハー心じゃないですけど、一視聴者目線だともう1回、ああいうの見たいな……っていう風には思ってしまいますね。

皆口　うーんでも、作り手としてはもう1回やったからいいなって満足してますね。

内田　1回だからいいんだよね。

皆口 あと、元々は夏の特別編のつもりだったんですよ。でも、撮影していく過程でちょっと違うなって。自分の中で、夏の特別編って家族で見て楽しいイメージだったから、これは深夜番組みたいな感じだなって。本当にドキュメンタリーというか。だから、これは裏面にしよう、と途中から考えていました。

内田 僕は「夏の特別編２０２１」の幽霊屋敷。常に何かしらの現象が起こっててすごかった。

山本 僕は撮影に参加してないんですけど、ひとりかくれんぼですね。「ひたむき、前向き、茨城！」って栗田さんのオープニングを見た瞬間に笑っちゃって、負けたなって（笑）。

皆口　ひとりかくれんぼは撮影中、身内のはずの落合さんからヤラセを疑われるくらいバンバン怪現象が起きて。でも、落合さんしか中にいないから、いまいち緊張感が伝わらないというか……。「また、どうせ虫に驚いてるんでしょ？」みたいに思われてそう。

落合　テレビの砂嵐が黒く変わったのを見たときは、マジで心臓が4秒ぐらい止まったよ！　本当にびっくりしすぎて。あれはだってタイミングが完璧すぎて、逆に操作してないとしたらヤバいよ。機材を見てるからね、やれないとはわかっているんだけど。

皆口　操作できるのだったら、逆にあのタイミングではやらないですよ。

長尾　僕は飯盛山荘ですね。はじめてと言ってもいいぐらい不完全燃焼感がありました。悪い意味ではなく、なんかちょっと腑に落ちないなっていう。霊現象も謎もてんこ盛りで、いろんな説があって、みんなで考えたけど、落ち着けるところがなかった。そこが、不思議というか、気持ち悪いというか……。飯盛山荘には負けたなって感覚がある。勝ち負けではないんですけどね。「でも、こういうもんでしょ」っていう僕の発言が使われたのが、印象的でした。それがリアルだし、オカルトとしての真髄なのかなとも思いましたし。

皆口　一緒に回ってる長尾くんが、「ここ病院だったんじゃないですか」って言った瞬間は、ゾゾゾやってる中でも指折りに入るぐらいゾワッときたシーンだった。突拍子もないじゃないですか。元ホテルが病院だったわけないんだけど。ありえない話だけど、ありえなくないなって思えてしまうのが飯盛山荘でした。

落合　俺は、うーん、沖縄かな。「やっぱりみんなで沖縄に来るのは楽しいな!!」っていう思い出がすごくあるよね？　みんな？

内田　僕、行ってないんすよ……。ちょっとね、お腹壊しちゃって。電話だけ。

落合　いつか行こう！　あと山本さんと行ったジャネー洞が意外と怖くて。山本さんが全然怖がらなくて平気なのが、イラッとした。

山本　落合さん、いつも怒ってんだよな〜、二人で撮影すると（笑）。まあ、僕は後ろだから安心感あるんですよね。

皆口　自分も沖縄は怖かったです、とにかく。知らない土地っていうのがまず怖いし。許可もいただいて、コーディネーターさんも同行していただいたんですけど、それでもやっぱり怖いなあって。
あと、最近ゾゾゾにかこつけて落合さんが自分のチャンネルの撮影してるんですよ。そのときに、自分と山本さんだけ暇だったんで、一緒に沖縄そばを食べに行ったのも思い出深いですね。

落合　A公園は、怖い怖くないっていう感情よりも、なんか久しぶりに冒険をしたような感じがあるんですよ。ジェイソン村以来ぐらい？　草木が生い茂った道なき道を掻き分けて突入して、建物を探しに行くみたいな。

内田 ああ、うっそうとした道を行く感じですね。

落合 そうそうそう。ドキドキ感があって楽しかったなっていうのはあるね。めちゃくちゃ汚れるけどね。
で、たぶん今まで僕が経験した撮影史上一番疲れたのがA公園だった。

内田 同日、日中に寒川集落行ってますからね。寒川集落では蛭に血も吸われましたもんね。

落合 まず、貧血だし（笑）。寒川集落の行き帰りで3〜4時間歩いてるでしょ？　A公園でもしょうちゃんと1時間くらい山登ってマジで山の頂上行っちゃったもんね。下り坂になって、これは行きすぎって。

皆口 蛭は自分もけっこう吸われたんですよ。撮影中は二人で「キャーキャー!!」って盛り上がってたけど自分は我慢してて。撮影が終わった後に「わ、めっちゃついてる……取れない」ってやってるのに、二人とも撮影終わってるからってスタスタ歩いていっちゃって。「痛い……痛い……」って言ってるのに。

内田 ひとしきり大騒ぎしてお腹いっぱいになっちゃって（笑）。

でも、蛭は取っても血が止まらないのにはびっくりしましたね。

長尾　普段、各々靴履いてくじゃないですか。帰りしな、長靴みんな持ってきて、「なんでだろう？」って思ってたけど、あれを見て長靴必要なんだなってわかりました。

皆口　自分は「夏の特別編２０２１」の幽霊屋敷の回は全員と一人ずつ撮影したので、そういう意味では印象深いですね。唯一全部に参加してるのが自分だけなので。落合さんと二人きりも最近ではめずらしいですし。

落合　片山邸は、実際にこの家に住んでましたっていう依頼じゃない。今までになかったケースだよね。
それで依頼者の方に直接話を聞いて、中に入ったら「マジ？　大丈夫？　すっごい荒らされてますけど……」ってすごい怖くなった。たぶん本人も、室内がこんなに荒らされてるって知らなかっただろうし……。

皆口　やっぱり一番慣れてる落合さんとの撮影は一番ヘビーなものにしようとは思ってまして……片山さん家だろうなと。いつも以上に落合さんが怯えていたのが印象的でした。

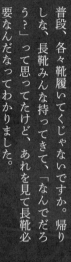

落合　なんか聞いてた話と違ってたからね。あんな物がめちゃくちゃになってて、ボロボロで、散らかりまくってるとは思ってなかったから。庭も2メートルくらいの草が生えてて、ここ行くの？　って。

皆口　山本さんと二人の撮影は本当に初だったんですけど、意外にやりやすかったですね。山本さんが淡々とレポートしてくれる感じが、ゾゾを撮ってるというよりは、骨太の心霊番組を撮ってるんだっていう気持ちになりました。愚直に心霊番組を撮りに行ってるって空気がありましたね。ホラーファンとしてはそれが心地よかったというか、こういう愚直な映像も見たいよねって。

山本　たしかに笑いとかはなかったですね。このときは自分の発言に責任を持たなくては、と必死で、あんまりどういう気持ちだったのか思い出せないです。事前に何も聞いていなかったので、「落合さんは？」ってずっと思っていて。待ち合わせ場所が違うだけで、この先にいるのかなって思ったり。

皆口　帰り道に二人で駅でそば食べたんですよ。いい思い出だなあって。

山本 なんでそばの話ばっかりなんですか（笑）。

皆口 まーくんのやつは手慣れたもので。彼一人で泊まらせるだけなので。だから撮れ高はもう、まーくん次第。そしたら結局、爆睡しちゃって（笑）。編集してたらそれっぽいものがちょっと映ってたみたいなのがあったけど、寝てて結局気づかなかったみたい。

内田 そりゃ眠たかったですからね。

皆口 暗い部屋が明るくなっていくっていうのをどうしてもやりたくて、5〜6時間を10秒くらいに縮めたんですけど、200倍速とかだからパソコンの負荷がすごくて。何度もフリーズしちゃって……。

あと、長尾くんのやつはけっこう大変でしたね。タクシー運転手の方にご協力いただいて、「実際に怖かった経験ないですか？」みたいなところから始まって。

タクシーの怖い話っていっぱいあると思うんですけど、誰もその先を追ってない気がするんですよ。幽霊が乗ったっていう話はたくさんあるけど、「どこで降ろしたんですか？」「その先に何があるんですか？」っていうのが気になって。これを掘れるのは長尾しかいないだろうみたいな感じで、長尾くんに行ってもらったら、廃墟が出てきて、撮れ高的にはホクホクでしたね。

長尾 あれ、怖かったですけど。現場行ったときより、後日の方が怖くて。家賃宛の投稿で「同じ場所に行ってた」という方からのお便りが見つかって、その偶然におののきましたね。

――スペシャル回で、つらかった思い出、楽しかった思い出はありますか？

内田 つらかったのはやっぱり寒川集落（笑）。道のりと、蛭と。霧雨は降るし、水没してるし。

落合　でも寒川集落でのまーくんの表情はすごい好きだよ。どろどろでびしょ濡れで。僕はみんなでフライングガーデンの爆弾ハンバーグを食べられなくなったことが寂しいかな。昔は解散前にここで食べてから解散することが多かったんですよ。撮影して、怖い思いして、疲れて。でも帰りにみんなで明るい場所でワイワイおいしいハンバーグ食べるっていう安心感がいいんだよね。最近は遠方すぎて、ほぼコンビニ飯だから。

皆口　コンビニ飯好きですけどね。

落合　おいしいよ。でも味気ないんだよ。

長尾　つらかったことはいっぱいありますけど、よかったことは地方に行けるようになったこと。ゾゾゾやるまで飛行機なんて2回くらいしか乗ったことなかったし、新幹線も数えるくらいしか乗ったことなかったんで。

沖縄もゾゾゾではじめて行きましたし。コンビニ飯もご当地ものとかあるんですよ。

落合　全然気にしたことなかった……。

長尾　知ってます？　関西のおにぎりって、海苔が焼海苔じゃなくて味付け海苔なんですよ。

皆口 スペシャルで遠征が増えて、各地のサービスエリアにトイレ休憩とかで寄るんですけど。撮影前って自分、けっこうナーバスになるんです。なんかこうピリピリと気が張ってる中、たまにお土産コーナーでうろうろしているメンバーがいるんですよ。それが、山本さんと長尾くんで、「これおいしそうじゃん」「そうなんですよね～」とか言ってるのを見つけて、それがすごいなんか……癒やしタイムになってるんです。

山本 よかった、怒られるかと思った！「休憩中も緊張感持て！」って言われるかと（笑）。

一同 （笑）。

皆口 落合さんは全然いないんですけどね。

落合 たしかに俺はトイレ行ってすぐ車戻るから、一切誰とも会わないけど（笑）。

長尾　サービスエリア行くとワクワクしちゃいますよね。なんならガチャガチャもします。

落合　どこか忘れたけど、えらいやってたときあったよね？　いっぱい抱えてきて。

長尾　バーの看板のガチャガチャですかね。それは皆口さんがほしいって言ったんで。

――ちなみに山本さんは、A公園の撮影には参加されていませんでしたが、動画で壁のシミを見て何人に見えましたか？

山本　あ、見てないっす。だってあんなに「見たらヤバいです」「呪われます」って書いてあって、じゃあ見なくていいかなって。目をつむって、音声だけで楽しんでました（笑）。Twitterとかで情報を集めると、ラッコに見えたっていう人がいっぱいいて、じゃあ、見てもよかったかなって（笑）。

長尾　僕は動画で見たときは、人は見えなかったです。どれが人に見えたんだっけなって。動画で見たらわかんなくなっちゃった。あれ現場では、人に見えてたはずなのにな？　……っていう感覚。

内田　動画では若干形変わってる感があったね。

山本　……さらっと怖いこと言ってる。形変わってたの？

――5周年ということで、全編通して一番思い出に残っていることを教えてください。

内田　「【緊急特番スペシャル】大調査!! 和歌山の秘境に逆オーパーツが実在した!!」です。単純に一番楽しかった。落合さんが落としたGoPro拾いにいって、下から投げたら壁にぶつけちゃったけど。

皆口　機材を雑に扱うのはよくないですよ。「オーパーツ」と言えばっていうことで、ムー公式チャンネルさんにメッセージを送ったら、ありがたいことにコメントをくださって。悪ノリに付き合っていただいてありがたかったです。

山本　僕が一番衝撃的だったのはホテルで見た長尾さんの全裸かな？　常に全裸なんですよ。

長尾　常にではないですよ！　風呂場から出てきて、着替えようってときに全裸なだけで。でも、まーくんの方が全裸ですよ。

内田　僕もそうですよ。だって男しかいないんだから、気をつかう必要ないでしょ。

山本　皆口さんがホテルでは、意外と怖がりなのも衝撃的でしたね。ホテルの部屋に入ったら、絶対全部の電気つけたり。

落合　それ会社でもそうだよ。

皆口　だって……寂しくないですか？

一同　（笑）。

長尾　僕は飲食店で働いているので、よく一番怖いところを聞かれるんですけど、とうとう最近、自分の中で決まったんですよ。最後に階段下りていくときの歌声ーヌです。最後に階段下りていくときの歌声が耳から離れない。最大瞬間風速はセリーヌでしたね。

落合　俺は一番は難しいけど、片山邸は人間の狂気みたいなものを感じて怖かったね。

山本　マジメなことを言うと、「捨てられた心霊写真」ですね。スタッフの動きがしっかり記録として残っていて。本当になんかチームとして参加できてるんだなって。あれは参加できてうれしかった。ありがたかったです。

皆口　めっちゃいいコメントじゃないですか。

落合　ベストオブ山本シーンは、「捨てられた心霊写真」のラストだよね。あれ、すごくない？　あれはかっこいいよね？

皆口　自分は一番思い出に残っているのは、信州観光ホテルです。信州観光ホテルは前編後編の本編の撮影から怖かったですけど、その後のドキュメンタリーも含めて、たぶん後にも先にもない心霊スポットっていう感じがします。

危ない撮影だったんですよ。すごい入り組んでるし、木造のところなんて踏み抜いたら終わりだし、コンクリートもぶち抜いてあったりするわけで。心霊的な意味でも、安全面でも非常に怖かったスポットでしたね。

落合 信州観光ホテルは裏面も見てほしいよね。

長尾 あれはダメですよ。マジであれは怖いです。管理者の人が、お化けいないって建前にしているにもかかわらず、「いるに決まってるじゃないですか。そういうものあるに決まってるじゃないですか。でも地元の人は言いたくないですよ」って言うところが……。地元の人たちは何か知ってるけど、でも言わない。もう何が本当で、何が嘘かわからない。その虚実を、つまびらかにしてしまうような動画でしたね。

——登録者数は88万人を超えましたね。

長尾 88万人……。最初の頃は、２００人だ、３００人だ、えっ５００人⁉　って喜んでいたのが、今は88万人……。実感がないですね。

落合 こんなに動画出してないのに増えてるっていうのがすごいよね。減りそうなもんだけど、逆に増えるんだっていうのが驚き。

内田　みんなホラーに飢えてるのか、おもしろいっていうことで見てくださっているのか、ありがたいことだよね。

――最後に10周年、20周年に向けての意気込みを聞かせてください。

山本　自分はけっこうな飽き性なので5年続いてるってだけでもすごいなと。今後もっと世の中を楽しませてくれるんだろうなっていう、ワクワクはありますね。自分ができることは限られてると思うんですけど、なるべく邪魔をしないように、みなさんが快適な撮影ライフを送れるように。しっかりサポートさせていただきます！

内田　10周年、20周年迎えるとなると僕たちもいいおじさんになってますし、今より体力も落ちてると思います。そうなると行く場所もだいぶ限られていくかもしれませんが……。見てくださってる方がいる以上は体力の続く限りおもしろいものをやっていけたらなと思います。僕は最初からずっと怖がりですけど、それでも怖いところに行って怖いものを撮ろう！　頑張ろう！　っていう心意気は変わらないです。スタッフとしてももっと精進したいと思ってます。これからも見てくださる方々に、おもしろいホラー作品を発信できたらなと思います！

長尾　5年後、10年後なんてとてもとても……。来年のことすらも想像つかないですけど、ゾゾゾは呼ばれたらありがたく行きますし、家賃に関してはずっと続けていけたらなと思いますけど。ケセラセラみたいな感じですか。ゾゾゾは落合さんと皆口さんに託します！　まずは来年、来月、来週も生きていけるように、日々を頑張っていきたいと思います。

落合　俺はせめて、毎年夏には動画を更新したいですね。夏になったら、そろそろゾゾの季節かって思ってもらえるように、風物詩みたいになれるように頑張りたいです。だから、10周年は目指したいという気持ちはあります。20周年は……やってない可能性はある（笑）。

一同　（笑）。

内田　そのときには53歳ですからね。

皆口　自分にとってこの5周年っていうのはちょっとね、サボりすぎたなと……。今日までに配信した内容は、2年とか3年でできただろうと。なので、ある意味申し訳なさを感じるというか。
ついてきていただいた視聴者の方々には、本当に申し訳ない気持ちと、本当にありがたい気持ちでいっぱいなので、5周年以降は、1年365日更新を目指して頑張っていきたいという所存です。

山本　意気込みとしてね？

内田　やりかねないな、皆口くんだったら（笑）。

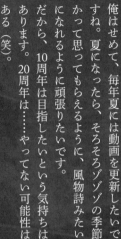

OFF SHOT

こうしてみんなと集まれたことに感謝。

思い出話は永遠に終わらない。

ゾゾゾ

2021/09〜2023/03

リスト

スペシャル

視聴者が選んだ！ ゾゾゾ セカンドシーズン 人気投票BEST20 スペシャル

公開日　2021/09/24
視聴回数　2,956,170回
再生時間　43:19

ランキングを発表しながら廃旅館で落合がひとりかくれんぼに挑戦！

▼H旅館（茨城県・某所）
ゾゾゾポイント：4

夏の特別編

ゾゾゾの怖い夜スペシャル

公開日　2021/10/01
視聴回数　7,767,003回
再生時間　1:26:14

メンバーが各々全国の最恐スポットへ。幽霊屋敷で大報告会を開催。

▶座敷わらしさん家（山口県・山口市）　ゾゾゾポイント：3
▶山刀伐トンネルの電話ボックス（山形県・最上郡）　ゾゾゾポイント：3.5
▶心霊タクシーが乗せた女性客の目的地（某所）　ゾゾゾポイント：4
▶片山邸（群馬県・某所）　ゾゾゾポイント：4.5
▶築150年の幽霊屋敷（埼玉県・某所）　ゾゾゾポイント：5

ファーストシーズン
第23回

伝説の心霊スポット！ 最期の信州観光ホテルスペシャル［前編］

公開日　2021/12/24
視聴回数　2,584,413回
再生時間　17:31

2019年に配信後、非公開になった伝説回が満を持して再び配信開始。

ファーストシーズン
第 24 回

伝説の心霊スポット！最期の信州観光ホテルスペシャル［後編］

公開日 2021/12/25
視聴回数 2,002,813回
再生時間 18:19

恐怖の結末。そして封印された真実が『ゾゾゾの裏面』で明らかに。

▼信州観光ホテル（長野県・千曲市）
ゾゾゾポイント：5

スペシャル

危ないアジト！削除覚悟のミステリー廃墟大潜入で実証実験！

公開日 2022/03/25
視聴回数 4,674,388回
再生時間 52:59

謎の儀式の噂のある廃墟で久々の肝試しを決行。衝撃の展開に。

▼玄岳ドライブイン（静岡県・熱海市）
ゾゾゾポイント：4.5

スペシャル

SIREN（サイレン）羽生蛇村の岳集落・廃村に潜入スペシャル！4TH EXPANDED & DIRECTOR'S CUT

公開日 2022/07/29
視聴回数 1,605,168回
再生時間 27:49

ファーストシーズンの人気回に未公開カットを追加した再編集版。

▼岳集落（埼玉県・秩父市）
ゾゾゾポイント：4

夏の特別編

沖縄
スペシャル

公開日 2022/08/05
視聴回数 3,448,749回
再生時間 1:16:14

初の沖縄ロケ！ 巨大廃ホテルでカメラが捉えた衝撃の映像とは。

▼末吉公園（沖縄県・那覇市）
ゾゾゾポイント：3.5

▼ジャネー洞（沖縄県・うるま市）
ゾゾゾポイント：4

▼レキオリゾートホテル（沖縄県・名護市）
ゾゾゾポイント：4.5

スペシャル

IM三荘 閉された絶景！
肝試しの巣窟に
隠された驚愕の正体！
恐怖の廃山荘ホテル
大潜入スペシャル！

公開日 2023/02/03
視聴回数 2,526,526回
再生時間 56:19

視聴者からの手紙で訪れた廃山荘。そこに隠された驚愕の事実。

▼ホテル飯盛山荘（和歌山県・紀の川市）
ゾゾゾポイント：5

スペシャル

A公園に潜む
廃屋に染み付いた
怨念の姿を撮らえろ！
決死の大突撃
スペシャル

公開日 2023/03/31
視聴回数 1,522,296回
再生時間 42:06

見ると呪われるシミを追って巨大な廃公園のバンガローを大捜索！

▼A公園（宮崎県・某所）
ゾゾゾポイント：4

※視聴回数は2023年6月時点のものです。

OFF SHOT

最高の笑顔で乾杯!

また気が向いたら一緒に行こう。

文　村田らむ
デザイン　西垂水敦・市川さつき（krran）
撮影　P・6〜7・258〜282・287
三好宣弘（RELATION）
地図制作　アトリエ・プラン
校正　東京出版サービスセンター
編集　森 摩耶（ワニブックス）

ゾゾゾ
2018年6月よりYouTubeで配信を開始したホラーエンタテイメント番組。落合、内田、山本、皆口、スペシャルゲストの長尾の五人を中心に、心霊スポットや恐怖ゾーンといった日本全国のゾゾゾスポットをレポートして、ホラーポータルサイトを作るという壮大な目標を掲げて活動する。投稿される動画のエンタメ性、クオリティの高さから、「怖いけれど面白い」と話題に。2018年6月〜2019年5月にファーストシーズン、2020年1月〜2021年7月にセカンドシーズンの動画を投稿。現在は不定期でスペシャル回を投稿中。チャンネル登録者数88万人超、総再生回数1・8億回超（2023年6月時点）。

村田らむ
1972年、愛知県名古屋市生まれ。ライター、漫画家、イラストレーター、カメラマンとして活躍。廃墟、ホームレス、ゴミ屋敷、新興宗教、樹海などをテーマにした体験＆潜入取材を得意とする。『ホームレス大博覧会』（鹿砦社）、『禁断の現場に行ってきた!!』（鹿砦社）、写真集『廃村 昭和の残響』（有峰書店新社）、『樹海考』（晶文社）、『人怖　人の狂気に潜む本当の恐怖』『人怖2　人間の深淵なる闇に触れた瞬間』『禁忌への潜入で見た残酷な現実』（すべて竹書房）など、著書多数。

読むゾゾゾ 特別編
捨てられた心霊写真

2023年8月13日　初版発行

発行者　横内正昭
編集人　青柳有紀
発行所　株式会社ワニブックス
〒150-8482
東京都渋谷区恵比寿4-4-9　えびす大黒ビル
ワニブックスHP　http://www.wani.co.jp/
お問い合わせはメールで受け付けております。
HPより「お問い合わせ」へお進みください。
※内容によりましてはお答えできない場合がございます。

印刷所　株式会社光邦
DTP　株式会社三協美術
製本所　ナショナル製本

ISBN978-4-8470-7325-0

包丁で刺され浴槽に浮かぶ“みなぐちくん”。
腹には米と爪が詰められている。

玄岳ドライブインの1階男子トイレは
スプレーペンキで赤く塗り潰されていた。

飯盛山荘の地下通路で何かを
供養するかのように置かれた花と酒。

山村さんが弟さんから受け取った写真。
階段上に複数の足が写っているように見える。

検証写真。同じ画角にするには階段ギリギリに
人を立たせて撮らなくてはならない。

レキオリゾートホテル別館の3階。
映像には白い影が映り込んでいた。